マルクスの疎外論

その適切な理解のために

岩淵慶一

時潮社

はしがき

本書は、東京唯物論研究会の会報『唯物論』などにかなり間を置いて発表してきた論文のうちからマルクスの疎外論に関連しているものをまとめた論文集である。

全体は二つに部分に分けられていて、第一部は、『経済学・哲学草稿』が発表された二〇世紀の三〇年代から開始されたマルクスの疎外論の研究が、マルクス主義の主要潮流であったスターリン主義とその諸変種によってどれほど破壊的な影響を受けてきたかを論じ、スターリン主義とその諸変種が創作し広めてきた解釈、すなわち後期のマルクスが彼の初期の疎外論を超克してしまったという解釈が事実を無視したメールヒェン、たんなる神話でしかなく、実際のマルクスは『経済学・哲学草稿』などの初期の諸著作から『ドイツ・イデオロギー』を経て『資本論』などの後期の諸著作にいたるまで一貫して疎外論を維持し発展させようと努めていたということなどを明らかにしている。第二部は、一昨年中国の清華大学人文社会科学院で「日本における『経済学・哲学草稿』の研究」というテーマで哲学専攻大学院生に集中講義をしたときの講義草案で、先ず最初に、『経済学・哲学草稿』の原語版が発表された一九三二年にいちはやくその翻訳が出版された日本においてこの草稿とその基本概念である「疎外」の研究が第二次世界大戦以前の暗い時代にどのように進められていたのか、そしてまた、言論と研究の自由が保証されるようになった第二次世界大戦以後にはどうであったのかを概観し、その研究が長い歴史をもちながら現状はかなりミゼラブルなものであることを確認した後に、後半で、日本における『経済学・哲学草稿』と疎外概念の研究を躓かせてきた障害物が何であったのかを、論点を少数に絞って立入って検討している。

今日では哲学、倫理学、社会諸科学のほとんどすべての辞典に「疎外」の項目があり、そこでマルクスの疎外概念についてそれなりに説明が与えられている。しかし、まことに「知られているからといって認識されているとはかぎらない」（ヘーゲル）ものなのであり、この概念についての議論が活発におこなわれ理解が深められてきているわけではない。いったい何故そのようなことになってしまっているのであろうか。序章「マルクス疎外論の理解をめぐって」では、先ず最初にこの問題について考え、ついでマルクス疎外論についての最初の傾向を確認し、さらに、そもそもマルクスにとって疎外論がどのような意義をもっていたかを論じている。

第一部の最初の論文「スターリン主義とマルクスの疎外論」は、『経済学・哲学草稿』などの初期マルクスの諸著作を研究してきた人々がマルクス研究にたいするスターリン主義の悪しき影響が無視できる程度のものであったかのように考えてきたが、それが間違っていてスターリン主義の影響が真に破壊的なものであったことを、また、今日もなおしばしば看過されていることであるが、スターリン主義の実証主義的特徴が批判され克服されてこなかったためにマルクス研究者たちによってマルクスの規範的諸概念が、したがってまた疎外概念も適切には理解されてこなかったことなどを論じている。

第二論文「『経済学・哲学草稿』と現代」は、『経済学・哲学草稿』誕生一五〇周年を記念して『唯物論』に発表した論文で、ソ連型社会主義の崩壊の時期にスターリン主義の祖国ソ連で『経済学・哲学草稿』がどのように受けとめられていたかを検討し、マルクスとマルクス主義の研究の現在の課題について論じている。今日もなおスターリン主義とマルクスのマルクス主義との相違を理解しない人々が大勢を占めていて、両者を区別し、その破綻がはっきりさせられてきたスターリン主義を退けなければならないとしても、本来のマルクスのマルクス主義までも放棄する必要はないことを知る人々は、けっして多くないのではないであろうか。

マルクス研究者はもとより、マルクスに関心を持ってきたその他の人々のあいだでもよく知られてきたことであるが、スターリン主義とその諸変種の擁護者たちによって、マルクスが疎外論を超克したことが『ドイツイデオロギー』なかに明瞭に示されているということが大声で繰り返し強調されてきた。第三論文「『ドイツ・イデオロギー』における疎外論の発展」はこの主張が間違っていて、実際にはこの著作でマルクスの疎外論が否定されるどころか逆にいっそう発展させられていることなどを、この著作の廣松渉編集版も利用しながら明かにしている。

この論文が発表されたのは一九七五年であるが、『ドイツ・イデオロギー』についての誤解の広がりからみて、今もなお価値を失っていないように思われる。なお、今日では『ドイツ・デオロギー』第一篇第一章の研究のさいには、これ以上の優れた版は望めないと評価されている渋谷正編・訳『草稿完全復元版　ドイツ・イデオロギー』（新日本出版社、一九九八年）とその「注記・解題」が利用されるべきであろう。そこで、この論文の検討のさいにはこの版を、それからまた、より簡便で読みやすく編集されている服部文男監訳『〔新約〕ドイツ・イデオロギー』（新日本出版社、一九九六年）とその適切な解説も参照されたい。

マルクスが一八五〇年代後半に書いた『経済学批判要綱』の原語版が発表されたのは一九三九年、一九四一年であるが、この未完の草稿は日本で一九五八－一九六五年に諸外国に先駆けて翻訳出版されている。そして、この未完の経済学草稿を読めば、『経済学・哲学草稿』の時期のマルクスの疎外論が『ドイツ・イデオロギー』で克服されるどころか、それより一〇年以上も経ってからも維持され発展させられていたことが、文字通り一目瞭然であった。少なくとも日本のマルクス研究者で、二一世紀の今日、このことに異論をもっているものなどは一人もいないといっても過言ではないであろう。したがって、『経済学批判要綱』を読んで、本当に狂信的な人々はともかくとしても、疎外論超克説の擁護者たちがあっさりと兜を脱いで自説を放棄したのではないかと考えたくなるのであるが、まことに興味深いことに、そうではなかったのである。それどころか、この翻訳が出揃った一九六〇年代半ば以後になってから、ソ連製の新スターリン主義、フランス製構造主義、そして日本製の物象化論などの擁護者たちのマルクス解釈が大流行するようになり、マルクスが『ドイツ・イデオロギー』で『経済学・哲学草稿』の時期の彼の疎外論を放棄したのだという歌が大声で合唱されるようになったのである。この合唱があの全共闘運動が高揚した時期に耳を聾するほどの大音量になっていたことは、まだ多くの人が覚えているのではないであろうか。

今日から振り返ってみるならば、あの大合唱に加わっていたマルクス研究者たちの大部分は事実を無視し論拠も挙げずに多勢を頼んでただひたすら大声で歌っていたのではないであろうか。やがて全共闘運動が鳴りをひそめるとともにあの合唱の音量も徐々に小さくなり、歳月が流れ、その間自己批判らしい声はさっぱり聞こえてこなかったのであるが、いつのまにか歌詞が変更され、今度は、『経済学批判要綱』から一〇年近くあとに出版された『資本論』でマルクスが疎外論を克服したと歌われ出したのである。何としてもマルクスに疎外論を超克させたい、マルクス主義の体系から疎外概念を締め出したい、という願望がどれほど強いものであるかを改めて教えられることになったのであるが、はたして『資本論』のマルクスは、彼らの願い通りに疎外概念を捨て去ったのであろうか。

第四論文「マルクスの疎外論と『資本論』」は、マルクスが疎外論を超克した時点を先延ばしした新しい仮説が、基本的には従来と変わらない疎外論超克説が健在であることを教えてくれているだけで、マルクスにそくして検討してみるならば完全に間違っていることを明らかにしている。そのさいマルクスの「疎外」「物象化」「物神崇拝」について立入って検討しているのであるが、それらの概念そのものとそれらの相互関係についてどのように考えるべきかということで長年研究者たちが悩まされてきた。そこで、この問題を切り離して詳細に研究しておいた方がよいのではないかと考えて、第五論文「疎外　物象化　物神崇拝」を加えることにした。『資本論』などの後期の経済学的著書作を中心に検討した結果は、マルクスがその後期に疎外論から物象化論の移行したなどという議論は事実による裏づけをもたない完全な嘘偽りで、その後期においても疎外論を中心においていたということこそが真実であるということであるが、『資本論』などからのいくつかの引用文を読めば誰であれ納得せざるをえないのではないであろうか。

さて、マルクスが彼の疎外論を超克してしまったという神話を作り広めてきたのはスターリン主義とその諸変種であったが、このスターリン主義がマルクス主義の歴史において優勢な支配を維持することができたのは、それ相応の理由があったことはいうまでもない。それらの理由の一つは、このスターリン主義が実はエンゲルスから始まりカウツキー、プレハーノフ、レーニンなどによって発展させられてきた伝統的マルクス主義を継承しそれをカリカチュア化していたということである。そして、問題は、他ならぬこのエンゲルスがマルクスの思想形成過程についてもきわめて問題のある議論をしていたということなのである。エンゲルスの記憶に基づく証言によれば、どうしても『経済学・哲学草稿』などのマルクスの疎外論は本来のマルクス以前のものとして貶められることにならざるをえないのである。したがって、マルクスの疎外論の研究の発展のためにはこのエンゲルスの証言をどうしても立入って吟味しておかなければならないのであるが、今日にいたるまでその間違いが適切に指摘されてきているとはいえないように思われる。そこで、この第一部の最後に補章として「エンゲルスの誤解――マルクスの思想形成をめぐって」を付け加えた。マルクスについてのエンゲルスの議論に囚われてはならないことが納得がいくのではないであろうか。

第二部の第一論文「日本における『経済学・哲学草稿』の研究」は、『経済学・哲学草稿』の研究の歴史を詳細にフォロウすることではなく、その研究の基本的なトレンドと現在の状態を考えてみることを課題にしている。よく知られたことであるのかもしれないが、一九三二年に原文が発表された『経済学・哲学草稿』は日本では世界でももっとも早く同年の内に翻訳出版された。したがって、その研究も当然早くから、しかも活発におこなわれてきたのではないかと思われても当然であるが、実際にはそうではなく、『経済学・哲学草稿』については一九五〇年代の後半にいたるまでは例外的に僅かに議論がおこなわれていた程度で、長期にわたってほとんど反響を見出してこなかった。ようやく広く注目されるようになったのはスターリン批判後であったが、ともかくも本格的な研究が開始され、諸外国の研究書が翻訳されたり日本の研究者の研究論文や著書が少なからず発表されるようになってきた。しかし、それでは研究が本格的に発展させられてきたかというと、残念ながら否で、まさに議論が深まり始めたところで、スターリン主義とその諸変種の疎外論超克説が流行し、おかげで研究はほとんど深められてこなかったどころか——マルクスが放棄してしまった概念などに誰が真剣に取り組むであろうか——、今もなおきわめて惨めな状態にあるといってもまちがいないであろう。

第二論文「『経済学・哲学草稿』研究の躓きの石」は、前論文の続きで、疎外論超克説を支えてきた論拠、つまりは研究の躓きの石を三つに絞って詳細に検討している。最初の論拠は、『経済学・哲学草稿』はマルクスがまだフォイエルバッハの影響下にあった時期の著作であって、本来のマルクスのものとはいえない、したがってそこで論じられている疎外論もまだマルクスのものとはいえないということであるが、第一節は、すでに第一部の補章「マルクスの思想形成」でよりいっそう詳細に検討されているように、エンゲルスに由来するこの議論がどれほど間違っているかを簡潔に明らかにしている。次の論拠は、『経済学・哲学草稿』の時期のマルクスが独特なヒューマニズムを説いていたが、これこそはフォイエルバッハの悪しき影響を示しているのであって、後のマルクスはこの影響を払拭したというものである。この論拠は新旧のスターリン主義によって強調され、後に構造主義や物象化論によって装いを替えて説かれてきたものであるが、第二節でこの主張が根本的に間違っていて、実際のマルクスはこのヒューマニズムにおいても早くからフォイエルバッハを超えていて、新しいヒューマニズムを生涯を通じて発展させていたことを明らかにしている。最後に、疎外論超克説が成り立つためには、どうしても後期マルクスがもはや「疎外」という用語も疎外概念も使っていないということが、そしてさらに疎外概念を否定するような議論をしていることが確認されていなければならない。第三節は、疎外論超克説が成り立つためのこの前提が事実によって確認されるどころか、明確に否定されていることを、実際のマルクスは『資本論』の時期にもその「疎外」用語と共に疎外概念をキーコンセプトとして使い続け疎外論を発展させていたことを明らかにしている。疎外論超克説の擁護者たちは、自分たちの主張の反証例になる事実を無視することでその主張を救済しようとしてきたのであるが、合理主義の基本前提に背を向けたこの態度は彼らが今や信仰の人であることを示しているといってもよいのではないであろうか。

本書に収められている諸論文が最初に発表されたときの題名と掲載紙は以下の通りである。

I－五は重複を避けるために部分的に削減されているが、その他の論文はいずれも誤字脱字以外は基本的には変更されていない。

I―1　「スターリン主義とマルクス疎外論」『立正大学人文科学研究所年報』第二六号　一九八八年三月

I―2　『経済学・哲学草稿』と現代」東京唯物論研究会編『唯物論』第六八号　一九九四年一〇月

I―3　『ドイツ・イデオロギー』における疎外論の発展」東京唯物論研究会編『唯物論』第四八号　一九七五年九月

I―4　「マルクス疎外論――その最新の解釈の批判的検討」季報『唯物論研究』第八九号二〇〇四年八月

I―5　「疎外　物象化　物神崇拝」『立正大学大学院紀要』第二〇号二〇〇四年三月

補章　「エンゲルスの誤解――マルクスの思想形成をめぐって」東京唯物論研究会編『唯物論』第六九号一九九五年九月

II―1　「日本における『経済学・哲学草稿』の研究」『立正大学文学部論叢』第一二一号二〇〇五年三月

II―2　『経済学・哲学草稿』研究の躓きの石」『立正大学大学院紀要』第二二号二〇〇六年三月

本書に収められている諸論文はそれぞれ独立しているので、読者は問題意識に応じてどこからでも読むことができる。なお、本書では、原則として敬称は省略させていただいた。最後に原題「マルクス疎外論の最後の解釈」を本書に転載することを快く認めてくださった『季報唯物論研究』編集長の田畑稔先生に、また、本書の出版を快諾していただいた時潮社の相良景行社長に厚く謝意を表したい。

マルクスの疎外論／目次

はしがき　1
序　マルクス疎外論の理解をめぐって……17

I　マルクス疎外論の適切な理解のために

I―1　スターリン主義とマルクスの疎外論……39
はじめに　39
一　マルクス解釈へのスターリン主義の影響　40
二　マルクスの疎外概念のスターリン主義的解釈　51

I―2　『経済学・哲学草稿』と現代……61
はじめに　61
一　『経済学・哲学草稿』公刊以前　64
二　『経済学・哲学草稿』公刊以後　69
おわりに　76

I―3　『ドイツ・イデオロギー』における疎外論の発展……86
はじめに　86
一　『ドイツ・イデオロギー』における疎外概念　87
二　『ドイツ・イデオロギー』における疎外の止揚の概念　97
おわりに　109

目次

I―4　マルクスの疎外論と『資本論』……111
はじめに　111
一　ヘーゲルとマルクスの疎外概念　113
二　『資本論』の疎外概念　118
三　疎外と物象化　128
おわりに　133

I―5　疎外　物象化　物神崇拝……137
はじめに　137
一　後期マルクスの疎外概念　139
二　「物象化」と「人格化」　147
三　ルカーチの「物象化」　152
四　疎外と物神崇拝　160
おわりに　167

補　章　エンゲルスの誤解――マルクスの思想形成をめぐって……172
はじめに　172
一　エンゲルスの仮説　174
二　フォイエルバッハ主義者としてのマルクス　182
三　マルクスにおけるパラダイム転換　187

おわりに　195

II　マルクス『経済学・哲学草稿』の研究

II―1　日本における『経済学・哲学草稿』の研究……203
はじめに　203
一　第二次世界大戦以前の日本における『草稿』研究　204
二　第二次世界大戦後の『草稿』研究　214

II―2　『経済学・哲学草稿』研究の躓きの石……229
はじめに　229
一　フォイエルバッハとマルクス　230
二　マルクスとヒューマニズム　238
三　後期マルクスの疎外論　253
おわりに　260

序　マルクス疎外論の理解をめぐって

マルクスの疎外概念は、一九三二年に彼の有名な『経済学・哲学草稿』が発表されるまではほとんど注目されてこなかったのであるが、今日では哲学や社会科学の辞典でこの概念についての説明が載せられていないものはないというほどにまでポピュラーになっている。そこで、今日では働いている人々で自分の日常生活の経験から、なるほどこれがマルクスが「疎外」と呼んでいたものだったのか考えてみたことがあるという人は少なくないのではないか。そして、そうした人々は、自分たちの経験にもとづいて疎外についての豊かな知識を獲得するにいたっているのではないであろうか。

問題は、このようにして得られた疎外についての、とりわけ労働における疎外についての知識がどの程度に重要なものとして理解されているのかということである。この重要性の程度は、誰もがその生活のなかで身につけてきている思想――その洗練の度合いはさまざまであってもそれなりの体系性をもっている――と関連していると考えて間違いないであろう。そして、その体系が疎外についての知識と生き生きと関わり合うことができるような仕組みをもっていれば、それらの知識が真に重要なものとして理解されるということになるのではないであろうか。それでは、今日の働いている多くの人々のところでこの可能性が現実性に転化しているとみなされうるであろうか。

残念ながら、おそらくこの問いにたいする答えは然りとはいえないであろう。たしかにマルクスの疎外概念が広く知られるようになり、人々の現実の疎外についての知識が増大してきているとしても、それらの知識はたんなる部分的知識のままで放って置かれ、やがていつのまにか霧のように蒸発させられてしまうということになっているのではないであろうか。

このように考えてみざるをえないのは、何よりも先ず、働いている普通の人々が資本主義的生産における疎外を変更不可能なものとして受け入れるべきだ主張する資本主義擁護の多様な思想諸潮流の圧倒的な影響に晒されてきているからである。

そして、この影響は、二〇世紀の後半に社会主義諸思想が凋落の一途をたどり始めてから、とりわけベルリンの壁の崩壊後にソ連型社会主義システムが自己崩壊を遂げてからはいっそう、強められてきたのではないであろうか。それらの諸潮流の思想を受容すれば、せっかく疎外についてて得られた知識も、さらに発展させられるどころか、いつのまにか霧消させられることにならざるをえない。こうした結果は、それらの諸潮流が、そこにおいて人々が疎外されている資本主義の現実にたいして直接的あるいは間接的に弁護論的で、それら自身のうちにマルクスの意味での疎外概念をもたないし、またこの概念を創り出す前提も欠けている以上、当然のことだといわなければならないであろう。

したがって、問題は、今日その疎外概念が広く知られるようになった当のマルクスに自分たちを結びつけてきた思想諸潮流のところでこの概念がどのように扱われてきたかということである。

必ずしも周知のことではないかもしれないが、二〇世紀の三〇年代以来のマルクス主義の歴史において圧倒的に優勢な支配を維持してきたのは、ソ連型社会主義運動のイデオロギーとして機能してきた新旧のスターリン主義であった。このスターリン主義は、本書の諸論文でも論じられているように、エンゲルス以来の伝統的マルクス主義をカリカチュア化させたもので、マルクスのマルクス主義とは相容れずマルクスの疎外概念を受容しなかったし、また受容する余地ももっていなかった。そこで、それを正当化するためにスターリン主義は疎外論超克説と呼ばれるべき特殊なマルクス解釈を、つまり、疎外論はたしかに初期のマルクスのところでは センターに置かれていたが、後期の成熟したマルクスのところでは放棄されるにいたった、あるいは軽視されるにいたったという解釈を創作し飽きもせずに説いてきた。この解釈は疎外概念を受容できなかったスターリン主義を補強するためのキャンペーンの一環でしかなく、マルクスが書いた数多くの文章から導き出される結論とはまったく矛盾しているたんなるメールヒェン、たんなる神話でしかなかったのであるが、ソ連、東欧、中国などでは、それを信じない人々を懲らしめる組織的な力が睨みを利かせていたこともあって、夥しい数の信者を再生産してきた。

そして、ここで忘れてはならないのは、ソ連製のスターリン主義とそれを補強するための神話が広められたのはソ連その他の社会主義諸国だけではなかったということである。それらは西ヨーロッパ、北アメリカ、アジアの資本主義諸国にも輸出され流布させられたのである。したがって、それらの国のマルクス主義においてもスターリン主義が主要な潮流になったのであるが、注意すべきは、この時代に特にその影響が強かったフランスや日本などでスターリン主義の独特な諸変種がつくられそれなりの支持者を見出してきたということである。ここで私が念頭に置いているのはルイ・アルチュセールの構造主義や廣松渉の物象化論などであるが、彼らと彼らの信奉者たちが本来のスターリン主義の信奉者よりもいっそう徹底してマルクスの疎外論を排撃してきたことは、よく知られているといってもよいであろう。

マルクスの疎外概念がポピュラーになってきて、日常的に疎外を、とりわけ労働の疎外を経験している働く人々の疎外についての知識も豊かになってきていたはずなのであるが、そうした経験や知識が何故必ずしも重要なものとして理解されることがなかったかは、以上からはっきりしてきたといってもよいであろう。働いている普通の人々は普段さまざまな資本主義擁護思想の圧倒的な影響に晒されているうえに、マルクスの看板を掲げてきたスターリン主義的な諸マルクス主義は人々の疎外についての知識を発展させる機能をはたすどころか、そもそものための手段になる疎外概念を排撃するために大変なエネルギーを注いでいた。したがって、マルクスの疎外概念を知って興味をもち、もしかしたら自分たちの知識をいっそう発展させてくれるかもしれないと考えてそれらのマルクス主義のところに近づいて行ってみても、そんな知識は無用なものだと一蹴され、せっかくの知識もたちまち蒸発させられてしまわざるをえなかったのではないであろうか。

たしかにマルクス主義の諸潮流のなかには、伝統的マルクス主義やスターリン主義を批判し、マルクスにもどってマルクス主義のパラダイム転換を図り彼の疎外論は組み入れようと努めた人々も少なからず登場してきた。彼らは、きわめて少数ではあったが一九三〇年代から登場し、一九五〇年代の後半からはその数を増大させそれなりの潮流を形成してきた。しかし、マルクス主義全体の流れのなかでは主流であった新旧のスターリン主義やその諸変種に比べて小さな潮流に留まっていて、働いている普通の人々の経験や知識と結びつくところまで大きな流れになることができなかったとみなすことができるであろう。

さて、一九八九年秋のベルリンの壁の崩壊後、誰もが予測できなかったほどあっけなくソ連型社会主義システムががらがらと音を立てて自壊を遂げてしまったが、このシステムのイデオロギーとして維持されてきたスターリン主義もその土台を失い、少なくとも旧社会主義圏では急速に奈落の底に沈んで行ったとみなしてもよいのであろうか。そして、この影響で資本主義諸国においても、すでに以前から地盤低下が進んできていたスターリン主義的マルクス主義がその凋落の速度を一段と上げてきたことは間違いないであろう。そして、このスターリン主義がマルクスの旗を掲げてきたので、その凋落は同時にその諸変種も含めてあらゆる種類の潮流のマルクス主義の地盤低下もひきおこし、疎外概念の受容に努め本来のマルクスのマルクス主義を発展させようとしてきた潮流も巻き添えを食って凋落せざるをえなかったのではないであろうか。

問題は、資本主義諸国ではこの間に凋落の速度を速めてきたスターリン主義が奈落の底に消えてしまったわけではなく、ともかくもその諸変種ともども縮小再生産を続けてきたということであろう。そしてまた、たとえソ連型社会主義システムが崩壊したとしても、当然のことながら、それによっては資本主義が資本主義でなくなったわけでもなければ、資本主義がその構造を根本的に変えたたわけでもない以上、この資本主義を批判してきた諸々のマルクス主義にたいする関心や需要がまったく消えてしまったわけではなかったということである。そこで、ソ連型社会主義の無様な自己崩壊後まだそれほど時が流れたわけでもないが、二一世紀にはいってからも日本でもマルクスとマルクス主義をテーマにした研究書や啓蒙書が少なからず出版されてきた。ひょっとしたらスターリン主義やそれを支えてきたあの神話が後退し、スターリン主義によって排除されてきた疎外概念を受容できるようなマルクス主義が登場してきたのであろうか。

この問いにたいする解答は、残念ながら、否なのである。何よりも先ず確認できるのは、この二一世紀の入り口のところで、マルクスの名のもとに二〇世紀後半に世界中に広められたスターリン主義の諸変種とそれらの支柱の一つであったマルクスにかんする正真正銘のスターリン主義的神話が文字通り掲揚されているということなのである。

おそらくこの方向をもっともよく代表している論者の一人は今村仁司で、彼は相変わらずアルチュセールを讃美して、『資本論』は「構造の科学」であるなどと主張し、「経済と社会における一切の現象で、構造化の効果を受けないものはない。最初に構造ありきである」（この珍妙な文章はどのような証拠によって、またマルクスのどのような文章によって、裏付けられるのか？「構造」を濫用し用語を置き換えることで分析が一歩でも本当に深められたのか？）と書いて、二一世紀になっても従来通りスターリン主義の変種の一つ、フランス製構造主義を信仰していることを告白している（『マルクス入門』、ちくま新書、二〇〇五年）。そして、他方ではこの信仰に多少の粉飾が付け加えられたりもしているが、その信仰対象は依然としてそのまま残されているので、それと両立できない疎外論をマルクスに放棄させなければならない。そこで、今村は次のように書いていたのである。「疎外概念は、社会関係の分析が深まるにつれて、とくに『資本論』では物象化概念によって置き換えられるようになる。」（『マルクス』、作品社、二〇〇一年）マルクスは一八六〇年代後半になって根本的なパラダイム転換をおこなったというわけであるが、これはやはりマルクスにかんする大発見だといってもよいであろう。それでは、これほどの発見が本物であることを今村はちゃんと証明してみせているのであろうか。もとより事実も論拠も挙げられているとはとてもいえないのである。したがって、大発見は少しも裏付けられていないということになるが、こうした発見を大袈裟に吹聴できる人が世間でどのように名付けられているのかはよく知られている。いずれにせよ、今村によれば、疎外概念は真に成熟したマルクスのところでは放棄されているのであり、したがってまたマルクス主義の体系の中にはどこにもその場所がないということになるのである。

（ちなみに、二一世紀に入ってから現れたマルクス研究書のなかで山之内靖『受苦者のまなざし——初期マルクス再興』（青土社、二〇〇四年）のなかには、「初期マルクスにおける自己疎外論が後に『資本論』において物象化論へと発展した」という文章が見出されるのであるが、もとより事実や論拠によって裏付けられているわけではない。こうした文章が何故今や疑問の余地のない文章であるかのように取り扱われるにいたったのか。残念ながら、同書にその説明は見出されない。）

同様な傾向を示している代表例は的場昭弘であるが、彼はその題名が、自分はマルクスのレヴェルで思考することができるという大いなる自負をもっていることを示している本のなかで、マルクスの疎外論については何も語らずに——これは、彼がマルクスの疎外論の重要性をさっぱり理解できなかったことを示している——、「二一世紀型」マルクス主義なるものについて論じている。すなわち「マルクス主義にとってその生命線とでもいえるものがあります。それは階級闘争論、弁証法的唯物論、発展段階論です。…これらを新しい時代の中でどのように読み替えていくか、いやマルクスの思想全体をもう一度読み替えていくことが必要となってくるのです。」（『マルクスだったらこう考える』、光文社新書、二〇〇四年）少し前の世代のマルクス主義者たちにとっては懐メロのように響くのではないであろうか。改めて指摘するまでもなく、ここで採用されている体系は、マルクスの疎外論を締め出していた前世紀の新旧スターリン主義の体系の簡略版にほかならないのである。読者のなかには両者の連続性があまりにもはっきりしていることで驚かされただけではなく、予想できたことではあるといえ、日本では古い体系が奈落の底に沈んでしまったのではなく依然として顕在であることを知らされて多少の不安を感じさせられたものも少なくなかったのではないか。まことに自負の大きさだけでは質の高さが保証されるわけがないのである。

もとよりここで挙げた著者たちが今日の日本のマルクス主義の諸潮流をどれほど代表しているのかは定かではない。しかし、それでも彼らが、現在の日本において前世紀のスターリン主義とその変種が、それらのマルクス主義が挙って合唱してきた神話ともども、ソ連型社会主義システムの崩壊とともに消滅してしまったわけではなく、依然として生き延びていることを、そして亡霊のように徘徊していることを、はっきりと示してみせていることだけはたしかなことである。彼らは、かつての新旧スターリン主義者たちと同様にマルクスについての根本的に間違った解釈に基づいて間違った議論を展開しているのである。したがって、前世紀における と同様に、働いている普通の人々の多くが自分たちの経験に基づいて獲得してきた疎外についての知識をいっそう発展させるためにマルクスやマルクス主義からら学ぼうとして、ここで挙げた著者たちの本を読んだりしてみても、たんに役に立たないだけではなく、せっかくの知識さえも蒸発させせられてしまうことにならざるをえないことは間違いないであろう。

こうしたことこそは、私が本書を出しておかなければならないと考えるにいたった理由に他ならない。どのような粗末な議論であっても批判されなければ生き延び、それなりのファンを見出し再生産されるものなのであろう。まして、今村や的場が宣伝しているのは二〇世紀後半のマルクス主義の主要諸潮流であったものであり、それらの潮流は、一九九〇年代にはいってからのソ連型社会主義システムの無様な崩壊によっていっそうの地盤低下を余儀なくされてきたが、しかし理論的には十分には批判されてこなかったために、小規模であっても臆面もなく再生産されているのである。マルクスとマルクス主義に関わってきた人々が真剣に批判的総括をおこなってこなかったことの、つまりは当然為すべきことを回避してきた無為怠慢のつけが回ってきたのだといってもよいのではないであろうか。本書の諸論文で私は、二〇世紀の後半にスターリン主義とその諸変種が広めたマルクス疎外論超克説が完全に間違っていることを、そして、実際のマルクスはまさに彼の生涯を通じて疎外論を維持し発展させていたことを明らかにしている。したがって、それらの論文を読めば、ここで挙げた今村、的場などの間違いもわかるはずであるが、しかし彼らが提起している諸問題は多岐にわたっている。そこで、彼らにたいする全面的な批判が必要なのであるが、しかしそれにもまして今日もっと大事なことが、彼らが縮小再生産している二〇世紀後半のマルクス主義の諸潮流の真に批判的な決算報告書を作成することであることは改めて指摘するまでもないであろう。

さしあたってここでは、最後に、本書全体のイントロダクションとして、マルクスの疎外論が当の本人のところでどのような意義をもっていたのかを簡単に思い起こしておくことにしたい。この問題を考える上でマルクスが『経済学批判要綱』のなかでアダム・スミスの議論を検討しながら、「労働についてのスミスの見解、彼の哲学的見解」（マルクス）にたいして批判を展開している箇所はきわめて有益である。彼は次のように書いている。

「なんじ額に汗して労働すべし！　とは、エホバがアダムにもたせた呪いであった。そこで、アダム・スミスは労働を呪いと考える。『安息』が適切な状態として、『自由』および『幸福』と同じものとして現れるのである。個人は『その健康、体力、活動、熟練、技巧の正常な状態において』は、また労働の、そして安息の止揚の正常な割り当ての欲求をもつものだということ、――このことはアダム・スミスにはまったく思いもよらないもののようである。……

もちろん、奴隷労働、賦役労働、賃労働という労働の歴史的形態では、労働は常にいやな［repulsive］ものであり、つねに外的な強制労働として現れ、それに対立して、非労働が『自由』と『幸福』として現れる、という点ではアダム・スミスは正しい。このことは、二重にいえる。すなわち、［第一に］このような対立的労働についていえるし、また［第二に］このことに関連しているが、労働が魅力的な労働［travail attractif］、いいかえれば、個人の自己実現であるための主体的および客体的な諸条件をまだ手に入れていない労働について（あるいは、これらの条件を失ってしまった遊牧等々の状態と比べてさえも）いえるのである。

［しかし、労働が魅力的な労働、いいかえれば、個人の自己実現であるという］このことは、労働がたんなる楽しみ［bloßer Spaß］、たんなる娯楽［amusement］だということをけっして意味しない。真に自由な労働［wirklich freie Arbeit］、例えば作曲は、まさに同時にこの上なく凄い真剣さ、最高に緊張した努力なのである。」（マルクス『資本論草稿集』2、大月書店、p. 339-40）

ここでのマルクスの議論は明瞭であろう。彼は、労働が呪われた難行苦行でしかないとみなしていたアダム・スミスが正しいのは、奴隷労働、賦役労働、賃労働などのような過去ならびの現在の特定の形態の労働、それから、それらをもっと一般化することになるが、労働が個人の自己実現になるような一定の主体的および客体的諸条件をまだ獲得していない（あるいはそれらの諸条件を失ってしまった）労働についてであって、それらの労働を超えてあらゆる労働がそうした呪われた活動だとみなすのは間違っていると考えていた。そして、スミスが労働の疎外をいわば労働の永遠の条件だとみなし克服不可能だと考えていたのにたいして、マルクスは、労働が一定の諸条件を獲得するならば、そして労働する個人が自己を実現する為に真剣に努力するならば、この労働の疎外を克服して労働が「魅力的な労働」、「真に自由な労働」、個人の自己実現としての労働になることが可能だと考えていたのである。注意すべきは、ここでマルクスがそうした労働がたんに可能であると考えているだけではなく、明らかに労働がそうした労働になるべきだ考えていたということである。マルクスにとって、個人の自己実現としての労働とは、それでありうるし、またそれであるべき労働、労働の規範的概念、労働の理想に他ならなかったのである。

では、マルクスはこの理想がどのようにした実現されると考えていたのであろうか。個人の労働が彼の自己実現になるのは、いつでもこの個人が全力を振り絞って努力をするという条件がなければ不可能であるが、しかしそうした努力が可能になるには、当然、労働が一定の諸条件を獲得していることが必要であろう。では、それらの条件とは何か。前の引用文に続けてマルクスは次のように書いている。

「物質的な生産の労働がこのような性格をもつことができるのは、ただ、（一）労働の社会的性格が措定されていること、（二）労働が科学的な性格をもち、同時に普遍的な労働であること、すなわち、一定の訓練を受けた自然力としての人間の努力ではなく、生産過程においてたんなる自然的な、自然発生的な形態でではなく、あらゆる自然諸力を制御する活動として現れる主体としての人間の努力である、ということによってである。それにしても、アダム・スミスの念頭にあるのは資本の奴隷だけである。例えば、中世の半ば芸術家

的な労働者でさえも、彼の定義のなかに位置づけることができない。」（同右、p. 340）

先ず最初に、後の方の条件であるが、マルクスが産業革命によってもたらされた機械と大工業がそのための可能性を開いたと考えていたことは間違いないであろう。ここで引用した文章からしばらくして、マルクスは『資本論』のなかで次のように書いている。「近代工業は、機械や化学的工程やその他の方法によって、生産の技術的基礎と共に労働者の機能や社会的結合をも絶えず変革する。」（『資本論』大月書店版全集第25巻、p. 634）したがって、「大工業は…一つの社会的細部機能の担い手でしかない部分的個人の代わりに、いろいろな社会的機能を自分のいろいろな活動様式としてかわるがわるおこなうような全体的に発達した個人をもってくることを、一つの死活の問題にする。」（同右、p. 634）こうした個人のところではじめて「あらゆる自然諸力を制御する活動としての主体としての人間の努力」も可能になるのではないであろうか。しかし、この可能性は、資本主義的生産においては労働者が労働諸条件を使うのではなく逆に労働諸条件によって使われるという転倒によって、たんなる可能性に留められざるをえない。したがって、マルクスの考えでは、この第二の条件は、結局、資本主義が否定され共産主義社会がつくられるのをまたなければならないということになるので、おのずから第一のの条件と重なってくる。そこで、「労働の社会的性格が措定されていること」という第一の条件であるが、これは、マルクスにとってはそれぞれの個人の労働が社会的な労働になるということを意味していた。したがって、後に『ゴータ綱領批判』のなかで「個人的な諸労働が直接的に総労働の構成部分として存在する」という言葉でいいあらわされている思想に通じているのであるが、要するに、生産諸手段の私的所有が廃止され社会的所有が確立されている社会における労働の性格のことなのである。したがって、この第一の条件は、マルクスが低次のものから高次のものへと段階的に発展して行くと考えていた共産主義社会を実現することに他ならないのである。これが実現されれば、第二の条件も実現されるということになるはずなので、ここまでくれば、マルクスが何を考えていたかは明瞭であろう。

要するに、マルクスは、労働が「魅力的な労働」になり、「真に自由な労働」になるうるためには、つまりは労働が個人の自己実現になりうるためには、資本主義社会を超えた先に共産主義社会が実現されていなければならない、それも低次の共産主義社会、いわゆる社会主義社会ではなく、その先に到来するはずの高次の共産主義社会が実現されなければならないと考えていたのである。そこで個人の労働が社会的性格を獲得し、さらに科学的で普遍的な性格を備えるようになれば、そのときに初めて労働が個人の自己実現でありうるようになるに違いないというわけなのである。

さて、マルクスがアダム・スミスを批判しながらどのようなことを主張していたかをみてきたのであるが、彼が労働における人間の疎外の止揚に、それによる労働における彼の自己実現にどれほどの重みを与えていたかは明らかであろう。マルクスにとって労働疎外を止揚し自己を実現することは最高の目的としての位置を占めていて、彼がそのために生涯を費やしたといってもよい共産主義の実現でさえも――それがいかに不可欠の重要性をもっていたとしても――その目的の実現のための条件の一つ、手段の一つでしかなかった。労働疎外の止揚はマルクスにとってそれほどの重みをもっていたのである。したがって、この概念も含むマルクスの疎外論はマルクスをスミス、リカード、ミルなどから区別するものであったが、また、まさにマルクスをマルクスたらしめる決定的な理論の一つであったといってもけっして過言ではない。したがって、ここからさらに、マルクスの疎外論を知らなかった伝統的マルクス主義はマルクスを適切に理解することができなかったし、神話を作ってこの概念を排斥したスターリン主義とその諸変種はマルクスを葬送してきたのだといっても過言ではないであろう。そしてまた、今もなおあの神話を繰り返し、マルクス主義の体系から疎外概念を締め出してきた人々は、どのように粉飾していても、結局はかつてのスターリン主義の信奉者たちと同じで、まさにマルクスを葬り去ってしまっているのではないであろうか。

最後にここでもう一言、付け加えておかなければならないこと。ここでみてきたように、マルクスにとって労働疎外の止揚は共産主義がを実現することを、つまり物質的生産の領域において自由を確立することを条件としていた。したがって、彼はまさに生涯を通じてその条件の実現のために闘ったのであるが、しかし彼のようには労働疎外の止揚の可能性を信じることができなかった人々は、アーレント、ハーバーマスなどのように、マルクスが物質的生産の領域の彼方にある「真の自由の国」について述べた箇所（『資本論』大月書店版全集第25巻、p. 1051）などを利用しながら、生産の領域における自由の確立の意義を否定したりその意義を貶めてきた。そして、今や日本においてもアーレントの信奉者やここで挙げた今村、的場などのようにそれに同調する人々が現れてきているが、この教祖は、何よりも先ず労働疎外の克服についてのマルクスの議論が理解できなかったうえに、テクノロジーの発展によって働いている人々の数と彼等の労働時間が急速に縮小されるのではないかという幻想をもったり、実際の資本主義的生産における労働の趨勢については適切な理解を欠いていたりして、物質的生産における労働の疎外を克服し自由を確立することが決定的な課題だということがまったく理解できなかったのである。日本においてもこの彼女の間違った議論が拡大再生産されているだけのことだといってもよいであろう。しかし、彼女の議論などによって幻惑されていなければ、マルクスの「真の自由の国」を念頭に置きつつも、物質的生産の領域における疎外を克服し自由を確立することがこれから先も長期にわたって最大の課題になるはずであることや、またソ連型社会主義が失敗したからといってこの課題に取り組む必要性がなくなったかのような議論をしてみせたりする（例えば、前掲今村『マルクス入門』、p. 71）のが完全な間違いであることなどは、あまりにも明らかなことではないであろうか。

I　マルクス疎外論の適切な理解のために

スターリン主義とマルクスの疎外論

はじめに

マルクスの『経済学・哲学草稿』（以下たんに『草稿』）が研究者たちにとって接近可能になってからすでに半世紀以上もの時が流れ去った。この歳月が一冊の著作――それがいかに困難な内容をはらんでいるとしても――をじっくりと研究するのに決して短いとはいえないはずであるにもかかわらず、よく知られていることであるが、今日もなおこの『草稿』のもっとも重要な諸概念の解釈と評価をめぐって複数の見解が並存し激しく競合している。ところが、現在われわれの国で、こうした周知の状態にたいして挑戦するかのようにこの『草稿』の入門的な教科書が出されている。細谷昂、畑孝一、中川弘、湯田勝共著「マルクス『経済学・哲学草稿』（有斐閣新書、一九八〇年発行。二〇〇六年の現在にいたるまでに刷が重ねられてきている）である（以下、

『入門』)。複数の著者によって書かれたこの種の教科書がしばしばそうであるように、この本においても『草稿』の重要な諸概念の解釈と評価において、細部はともかくとしても基本的には同一の見解が共有され、それによって全体に独特な統一性が付与されているようにみえる。したがってこの本は、一見、『草稿』研究が諸見解の並存と競合の時代を後にして新たな段階に入ったかのような印象さえもあたえている。だが、はたしてこの印象は真実なのであろうか。あらかじめ結論を先取りしておくならば、残念ながら答えは否定的なものでしかありえない。この『入門』には多少なりとも『草稿』を研究してきた者にとっては容易に見出すことができるような欠陥が少なからず存在する。しかも、細部に問題があるだけではない。そもそも研究を進めるうえでの基本的観点に根本的な欠陥があるように思われる。そしてこの欠陥はたんにこの『入門』にみられるのみではなく、今日もなお研究者のあいだで広く見受けられるように思われるので、以下、もっとも本質的な問題点についてのみ簡単に検討を加えておくことにしたい。

一　マルクス解釈へのスターリン主義の影響

『草稿』をどのように理解しどのように評価すべきかについての議論がすでに半世紀を越え

る独特な歴史を持っている以上、今日、誰しもこの歴史を無視して先へ進むことなどはできない。この点は『入門』の著者たちも、勿論、気付いていないわけではなく、ともかくも言及している。そこで、まず最初に、この歴史を念頭におきつつ彼らがどのような研究方法を提起しているかを見ておくことにしよう。この本の「はじめに」には、マルクスの思想形成史上の『草稿』の重要な意義とその特殊な難解さが簡単に指摘された後に、次のように書かれている。

「『草稿』は、このように重要でありながら難解であるために、これまでに多種多様な理解をうみだしてきた。なかには恣意的ともいえるような解釈もあった。このような状況のなかで、自分の先入観になっているマルクス像にしたがって裁断したり、性急な『現代的』課題意識によって読みこんだりすることは厳にいましめなければならないであろう。

われわれはむしろ、当時の時代的背景、論争史的背景に目をくばり、それをふまえながら、マルクス自身の執筆意図に内在し、執筆順序に従って、かれの思想発展の跡を辿る努力をはらうのでなければならない。このような内在的読解のこころみによってはじめて、『草稿』の理解がより容易になるとともに、そのゆたかな思想財がつかみとられ、そこからかえって、マルクスの思想と理論のすぐれて現代的な意義をとらえなおすことが可能とされるのである。」

（「はじめに」二、三ページ）

ご覧のように、著者たちもここで、当然のことながら、『草稿』研究史上に「多種多様な理解」があらわれてきたことを、またそれらのうちには「恣意的ともいえるような解釈」があったことも認めている。そしてさらに、そのような結果を生みだしてきた原因の一つとして研究者の側の思想にかかわる問題も念頭に置いているかのようにみえる。というのは、「自分の先入観」だの「性急な『現代的』課題意識」だのという言葉があらわれてくるからである。

では、その通りであるとして、著者たちはこの問題にどの程度の重みを与えているのであろうか。

この問いにたいする答えは文面から十分にうかがわれる。彼らはこの問題にほとんどまったく重みを与えていない、少なくともこの問題が理論的研究の対象になりうるような種類のものだとは考えていないとみなさなければならないであろう。というのは、この問題が、せいぜい厳しい戒めというような研究者の心掛け程度のものによって容易に解決されうると考えられていることは明らかだからである。

研究者の側の問題がこの程度のことで解決されうるとすれば、推奨されるべき研究方法がいたって単純明瞭なものになるのは当然だといってもよいであろう。困難はもっぱら研究対象の側に、その著しい難解さにある、したがって、それさえ克服すれば、つまり「内在的読解」なるものに徹しさえすれば、めでたしめでたしということになるわけである。

ひょっとしたら著者たちは、たんなる入門書のまえがきであるがゆえに、したがって研究者の初歩的な心構えをいわば学校教師風に説く必要があると考えられたがゆえに、このようなことを書いたのであろうか。だが、それにしても彼らが、そもそも『草稿』研究の問題状況をつくりだしてきた原因が主に研究対象の難解さと研究者の内在的読解力の不足にあったかのように本当に考えているとすれば、これは『草稿』研究史についてのあまりにも一面的な理解ではないであろうか。そしてまた、研究者として大いに自戒し、ひたすら内在的読解に徹しさえすれば問題が片付くかのように本当に考えているとすれば、『草稿』のような特別に激しい論争の対象になり多様な解釈を生みだしてきた著作を研究するにしては、あまりにも素朴過ぎる方法論ではないであろうか。

たしかに、『入門』でも「研究史上の問題点」が論じられていないわけではないが、しかし独立した一つの章が設定されているのではなく、たんに小さな付論が与えられているにすぎない。しかも、その量的に極めて限られた議論から、それに基づいて『草稿』の研究が為されてきた諸パラダイムのうちでもっとも影響力が大きかった特殊なパラダイムにかかわる問題が文字通り完全に排除されているのである。したがって、この付論によっては研究史についての一面的な理解が訂正されることも、方法論上の新たな提案がなされることも到底期待することはできないといってもけっして過言ではないであろう。

そして実は、まさにここで黙殺されているパラダイムとその影響こそは『草稿』研究史上の最大の問題にほかならなかったのであり、立入って検討すれば明らかになるように、この問題にたいして十分に決着をつけなかったことが『入門』のもっとも由々しい欠陥をもたらしているのである。

周知のように、『草稿』がはじめて公刊されたのは一九三二年であるが、この著作はその後かなり長期にわたって、若干の例外を除くならば、ほとんど反響を見出してこなかった。このことは、『入門』の巻末のけっして十分とはいえない参考文献表に目を通すだけでも確認することができるはずである。その理由が主に『草稿』の難解さと研究者たちの読解能力の不足とにあったなどとは、『入門』の共著者たちでさえも思っていないであろう。このような推論がなりたたないことを知るには、例外としていちはやく反応したランツフートとマイヤー、マルクーゼ、さらにド・マン、ルカーチなどの先駆的な業績を思い起こすだけでも十分であろう(1)。明らかに難解さと読解能力不足とは主要な原因ではなかったのである。

では、長期にわたって反響が僅かであったことの原因は何であったのか。たとえ『入門』の著者たちのような人々がどれほど無視しようと努めてきたとしても、残念なことに、そうした努力は功を奏せず、少なくともその最大のものが何であったかについては今日では広く知られているのである。改めていうまでもなく、それは、社会主義運動におけるスターリン時代とこの時代のイデオロギーとしてのスターリン主義であった。

　この時代がまともなマルクス研究者にたいしてどのような環境を提供していたかは、まさにこの時代が始まったばかりの一九三〇年代の初めに地上から抹殺されてしまった有名なマルクス研究者リャザノフの運命にもっとも象徴的に示されている。だが、問題は、たんに研究者をとりまく環境にあっただけではなかった。この時代にますます支配的になり、ますます広範に広められて行った独特な思想的パラダイムもまたまことにおぞましきものであったのである。このパラダイムは『草稿』の解釈をめぐる論争においてきわめて大きな影響を及ぼしてきただけではなく、ほかならぬ『入門』の問題点を理解するためにも重要な意義を持っているので、それと『草稿』との関係についてだけは簡単に問題点を顧みておかなければならない。

　スターリン主義と呼ばれてきたこのパラダイムについては、周知のように、今日にいたるまでに膨大な量の議論が積み重ねられてきている。その過程で少なからぬ人々によって指摘されてきたことで、筆者も同意せざるをえないと考えているのは、その哲学的次元においてスターリン主義が規範的概念を排除する実証主義的傾向をもっていたということであり、また、そうした傾向とメダルの表裏の関係にあったのであるが、歴史を著しく機械的決定論的に解釈してきたということである。(2)

こうした諸欠陥がいかにして生じてきたのかはともかくとして、まさにこれらの欠陥のゆえに、このパラダイムに基づいてものを考えている人々は一般的に規範の問題にたいして驚くほど鈍感になり、この問題を適切に提起し適切に論ずることが甚だしく困難にならざるをえない。そしてそのかわりに彼らは歴史過程のいたるところで「歴史の必然的発展」あるいは「歴史発展の必然性」なるものを見出すことにならざるをえない。

他方、マルクスの諸著作が、とりわけ『草稿』などの彼の初期の諸著作が、明瞭に規範的な諸思想を大量にふくんでいたことは、そしてまた歴史の解釈がずっと柔軟であったことも、誰の目から見ても疑いの余地がなかった。つまり、少なくともスターリン主義が疎外論その他の初期のマルクスの諸思想と原理的に相容れないことは誰の目からみてもはっきりしていた。したがって、スターリン主義の信奉者たちは、このような場合に彼らが為さねばならないことを為すことになったのである。彼らは『草稿』の時期のマルクスは未熟なマルクスであって、後期マルクスによって克服されたのであるという神話を創造し広めてきたのである（この後期マルクスについても、他方では、彼らは自分たちに都合の良い方向に歪める作業をせっせとおこなってきた）。当然のことながら、『草稿』は軽視されたり、さらには無視されたりということにならざるをえなかった。

『入門』はこのようなスターリン主義的パラダイムの支配ということを無視しているのである

が、しかし、もしこのことを考慮しないとすれば、例えば、その巻末に挙げられている僅かな参考文献の大部分がスターリン批判の後で、それもかなりの年月を経てから、発表されているという事実が説明されえないであろう。

こうした状況が根本的に変わるチャンスが一九五六年二月のソ連共産党第二〇回大会におけるスターリン批判とともに訪れたことは、よく知られているといってもよいであろう。この批判の後になってはじめて、つまりその公刊後四分の一世紀も経ってからはじめて『草稿』が広く注目され本格的に論じられるようになったのであるが、もとよりその原因をこの著作の難易の程度の突然の変化や研究者の読解能力の突然の急速な上昇に求めることなどはできない。改めていうまでもなく、その主要な原因は、何よりも先ずスターリンの神話的権威の失墜とそれにともなって生じたスターリン主義的パラダイムの危機に求められなければならない。

この危機に直面して、一方では、マルクス主義の根本的な革新の必要性を感じていた人々およびその必要性を感じ始めた人々が、既存の理論体系にたいして激しい批判を展開するとともに新たな体系を求める試みをさまざまに展開してきた。六〇年代に入ってから一層活発になったこのマルクス主義革新運動は、今日にいたるまでに、そのなかから旧い体系を徹底的に批判し、新たな体系を、少なくともその基本的な輪郭を、構築するうえで貴重な貢献をしてきた興味深い人々を生み出してきた。そして、この運動の初期のモットーが「マルクスに帰れ！」であったように、まさにこの運動によってその他の初期のマルクスの諸著作とともに『草稿』にも脚光が浴びせられたのであり、それについての真に注目に値する興味深い諸見解が提起されてきたのである（とりわけ『プラクシス』派をはじめとしてポーランド人間学学派、ブダペスト学派、チェコスロバキアの革新派のマルクス主義者たち、それに西側諸国の同じく革新派のマルクス主義者たちを思い起こすこと[3]）。

だが、ここでどうしても看過してはならないことがある。それは、同じスターリン主義の危機に直面して初期マルクスに注目したのはこの革新運動だけではなかったということである。この危機に直面して、他方では、この危機をマルクス主義の革新のチャンスとして捉えなかったし、またそもそもそのようなチャンスとして捉えようともしなかった人々が非常に多くいたのであり、彼らもまた別の理由から初期マルクスに注目し『草稿』に脚光を浴びせたのである。

根本的な諸欠陥を持っているとみなされている体制が危機に陥っても、この体制と訣別したいとは思わない人々が常に少なからずいるように、旧いスターリン主義のパラダイムに基づいてものを考え仕事をしてきた人々の多くは、このパラダイムの危機に直面してもそれと決定的に訣別することが必要だとは考えなかった（当時のマルクス主義者の圧倒的多数がそうであったとみなしてもよいであろう）。そこで彼らはただちに、始まったばかりの危機を次のようにして解決しようとした。すなわち、旧い理論体系から、もっぱらスターリンに固有であったとみなされうるような諸要素のみを僅かに取り除き、多少の改良と増補とを施しただけでこの体系の基本的な構想はそのまま保持するということによってである。この手直しの作業はスターリン批判直後にソ連のマルクス主義者たちによって始められ、その成果が模範的なものとして社会主義諸国はもとより資本主義諸国の社会主義運動内部にもきわめて急速に広められるのである。

こうして、スターリンなき後のスターリン主義、いわゆる新スターリン主義の時代が始まったのであるが、それを受容した学者たちがただちにこの新たなパラダイムを整備し拡張する仕事に専念し始めたことはいうまでもない。大急ぎで為さなければならないことが多かったのであるが、その際彼らが特別に力を入れたことの一つは、旧スターリン主義と本質的には変わらない自分たちの理論体系とは原理的に相容れない諸思想が含まれていることが明白な初期マルクスの諸著作、とりわけ『草稿』を適切に処理してみせることであった。この仕事は、自分たちのパラダイムにほかならない新スターリン主義をも激しく攻撃していた前記のマルクス主義革新運動が『草稿』などを最重要な拠り所の一つにしていたので、それだけ一層焦眉の課題になっていた。こうして彼らもまた『草稿』をはじめとする初期マルクスの諸著作をいわば無害のものに変え、自分たちの新たな体系を脅かす危険を取り除くために、あきれるほど膨大な量の文章を書いてきた。たしかに彼らも外見的には「マルクスに帰れ！」の旗のもとで仕事をしているように見えたのであるが、しかし真実には彼らは、人々がマルクスに帰りこのマルクスを復権させるのを阻止するために仕事をしてきたのである。ちなみに、このスターリン主義者たちの大合唱に「構造主義」的マルクス主義者や「物象化」論的マルクス主義者がそれぞれ多少ユニークな仕方で声を合せてきたことも忘れられてはならないであろう。

『草稿』がその公刊以来四分の一世紀も経ってからはじめて大量の脚光を浴びせられるようになった理由は明らかであろう。もはや改めていうまでもなく、その理由は『草稿』の難易やこの著作を読解する力の突然の変化にではなく、それがマルクス主義内部のパラダイム間の最大の争点の一つになったことに求められなければならない。したがって、なによりもまずまさにこの点と関連させて『草稿』研究の問題状況、この著作の複数の解釈の並存と競合という問題も考えて行かなければならないのであるが、ほかならぬこの点を『入門』の著者たちは理解せず、研究対象の難解さや研究者の読解力の程度に問題を還元してしまったのである。だからこそ彼らは『草稿』研究においてスターリン主義的パラダイムとの対決がいかに重要であるかを理解することができず、内在的読解に徹しさえすればよいというような単純きわまりない方法論を提起することしかできなかったのである。新たなパラダイムの登場、それと旧パラダイムとの対立と闘争を理解できなかった彼らは頑なにたんなるパズル解きの次元の論争しか見ようとしなかったのであるが、そのような態度を見れば誰しもつぎのようなトーマス・クーンの文章を思い起こさざるをえないであろう。すなわち、「新しいパラダイムの候補が、はじめから頭の固い人たちの手にかかって、ただ相対的な〔小さいパズルの〕問題解決の能力だけでその価値が判断されていたなら、科学は大きな革命を経験することは非常に少なかったであろう。[4]」自然科学について書かれているのであるが、改めて指摘するまでもなく、このことは思想的パラダイムの変化についてはいっそうよくあてはまるのである。

二　マルクスの疎外概念のスターリン主義的解釈

ところで、スターリン主義的パラダイムの基本的な諸特徴がどのようなものであったのか、そしてこのパラダイムに基づいてマルクス解釈を展開してきた人々が『草稿』にたいしてどのような態度をとらざるをえなかったかはすでにみてきたのであるが、『入門』の議論を本格的に検討しようとすれば、やはり彼らが『草稿』の中心概念である疎外概念を具体的にどのように取扱ってきたのかをもう少し立入ってみておくことが不可欠の前提になるであろう。そのためにスターリン主義が旧い形態から新しい形態へと移行した直後にソ連で出版された哲学史の教科書のなかのマルクスにかんする部分がおおいに参考になる。そこでソ連の代表的なマルクス研究者の一人テ・イ・オイゼルマンがつぎのように書いていた。

「『疎外』という用語は、周知のようにヘーゲルとフォイエルバッハによって用いられた。……マルクスは、疎外とその克服の方法とについてのヘーゲル的理解とフォイエルバッハ的理解とをともに深く唯物論的に批判した。……だが、それは、マルクスがこの草稿で用いている疎外という概念が意味するところの社会的歴史的発展の客観的過程を十分にふさわしく表現したものではないということを考慮にいれておかなければならない。この時代のマルクスはまだフォイエルバッハの人間学の影響を完全に克服してはおらず、その結果、彼が定式化した史的唯物論と科学的社会主義の諸命題は、成熟したマルクス主義にふさわしくない用語であらわされている。(5)」

この一節にマルクスの疎外論にたいするスターリン主義者の態度が典型的に表明されているとみなすことにたいして異論の余地はないであろう。要するに、たしかにマルクスはヘーゲルおよびフォイエルバッハの疎外概念を批判していたが、しかし彼自身の疎外概念もフォイエルバッハの人間学の影響が残されていて、成熟したマルクス主義にふさわしいものではなかったというわけである。ここから導き出される結論が、初期マルクスの疎外論は彼の思想のいっそうの成熟とともに克服され放棄され、ということとなるのはいうまでもない。

こうした見解は、スターリン時代に産み出された神話であるが、他の神話同様その信者以外のところではさほどの根拠ももたない他愛もないお話、つまりはたんなる馬鹿話でしかない。これがそのような種類の話でしかないことは、つまりマルクスについての根本的な誤解を表明しているにすぎないということは、すでに多くの人々によって証明されてきているし、私自身も再三論じてきたので、今ここで改めて論ずる必要はないであろう。この馬鹿話は多少の変種ももっていて、「成熟したマルクス主義」すなわち「受容可能なマルクス主義」をどのように解釈するかでかなり相違も見られる。そして、しばしばそれらのあいだの相違がなにかきわめて重要な意味をもっているかのように語られてきたのであるが、しかし、そうした議論は概ねいわば木を見て森を見ずの類いのものであって、それらの諸変種が同じ馬鹿話の諸変種でしかないことを忘れてきたのである。

さしあたって、ここでさらに思い起こしておかなければならないのは、この馬鹿話で重要な役割を演じている、初期マルクスの疎外論におけるフォイエルバッハの影響ということによって具体的にどういうことが念頭に置かれていたのかということである。すでに引合いに出してきたオイゼルマンがまさにこの点をはっきりさせようと繰返しこころみているので、つづけてまた彼の議論を引用して行くことにしよう。周知のように、新たな地平を切り拓いた後の若きマルクスが彼独自の見解をはじめて公表したのは、『独仏年誌』誌上の二つの論文においてであったが、それらの論文についてオイゼルマンはつぎのように解説している。

「……『年誌』に掲載されたマルクスの二つの論文はフォイエルバッハ人間学主義の影響からまぬがれていなかった。これらの論文の原理的に新しい内容は、まだそれに応ずる新しい形式をとっていなかった。とりわけ、プロレタリア革命は、疎外を止揚しヒューマニズムを実現する課題として定式化されている。これと同じ精神でドイツについても問題が立てられている、すなわち『ドイツの唯一の実践的に可能な解放は、人間こそが人間にとって最高の存在であると宣言する理論の観点に立った解放である。』このような理論として当時マルクスがフォイエルバッハの人間学的唯物論を考えていたことは、まったく明白なことである。(6)」

これと同様な解釈が『経済学・哲学草稿』を論じたところでも述べられているが、ここで引用しておきたいのは、マルクスが『聖家族』のなかで、プロレタリアートは「その地位に集約されている今日の社会の一切の非人間的な生活諸条件を止揚することなしには自己自身の生活諸条件を止揚することができない」という議論を展開している部分について、オイゼルマンが述べている箇所である。

「ここでは、『聖家族』の他の多くの箇所におけるように、科学的社会主義の基本思想が人間学的唯物論の用語法でいいあらわされている。プロレタリアートの社会的状態があらゆる人間的なものからの完成された疎外として特徴づけられ、社会の社会主義的変革が真に人間的な諸関係の再建として特徴づけられている。一八四五年にマルクスとエンゲルスは、それによれば生産諸関係のさまざまな型が社会の自然史的発展過程の合法則的な諸段階であるところの経済的社会構成体にかんする学説をまだ作り上げていなかった。資本主義的社会的諸関係をマルクスとエンゲルスは、主に倒錯した、非人間的な諸関係としてとらえたが、社会的生産諸力の一定の発展段階に照応している諸関係としてはとらえていない。[7]」

オイゼルマンが、初期マルクスにおける「フォイエルバッハの人間学の影響」ということのもとにどのようなことを考えていたかは明らかであろう。要するに、それは、マルクスの『経済学・哲学草稿』とその前後の諸著作において人間にかんする独特な概念――とりわけ「人間の本質」などの用語で表明されていた――がきわめて重要な役割を演じていたということであったのである。では、それはどのような種類の概念であったのか。それは、過去に存在した、あるいは現に存在している人間についての概念、つまり人間についての記述的概念ではない。オイゼルマンが念頭においていたのは、未来において存在しうるし、また存在すべきであるような人間についての概念、すなわち人間についての規範的概念にほかならない。そして、彼の考えによれば、まさにこのような概念が決定的に重要な役割を演じている点に「フォイエルバッハの人間学の影響」が、つまりは克服されるべき根本的な欠陥が表明されていたのであり、実際にマルクスはこの欠陥を急速に克服していったのである。

もとよりここで立入って論ずることはできないが、『草稿』の時期にすでにマルクスはたんにフォイエルバッハを超えて人間にかんする記述的概念を発展させていただけではなく、同時に彼を超えて人間にかんする規範的概念をも発展させていたのであり、それに基づいて彼独自の疎外論を展開していた。(8) したがって、マルクスが人間にかんする規範的概念をどのように発展させたのかをはっきりさせようと試みることもせず、ただそうした概念を使用していたという点でフォイエルバッハと共通していたということを確認しただけで、『経済学・哲学草稿』の時期のマルクスの議論に何か根本的な欠陥があったかのように主張するなどというのは話にもならないのであるが、しかし、オイゼルマンの愚かな話は以上にはとどまってはいない。マルクスに人間についての規範的概念を放棄させれば、同時に彼にそのような種類の概念なしでもやっていけるような歴史観を採用させなければならない。諸可能性のなかから一つの可能性を選択するさいの規準として機能する規範的な概念が必要ないとすれば、そもそもそうした選択が存在しないような歴史の概念がなければならないであろう。それは、当然のことながら、非常に厳しい決定論的な、つまり機械的決定論的な歴史概念でなければならない。そこで、オイゼルマンは疎外論克服後のマルクスに「社会の自然史的発展過程」を強調した選択の余地のない歴史の概念を採用させているのである。

マルクスの歴史観についてのこのような決定論的な解釈がオイゼルマンの独創になるものではなく、けっして短くはない歴史をもっている一つの伝統に従っていることはよく知られている。だが、同様に今日ではすでによく知られているように、マルクスは歴史を語るときに「人間の創造的諸素質の絶対的創出」（『経済学批判要綱』、四二一ページ、大月書店）ということも強調していたのであるから、こうしたマルクス解釈は完全に妥当性を欠いているとみなされなければならない。つまり一つの馬鹿話とみなされなければならないのであるが、しかし、この馬鹿話がさきの「人間の本質」についての馬鹿話とおたがいに補い合って一つの首尾一貫した体系的な馬鹿話を構成していることは誰しもが認めざるをえないであろう。どちらが欠けても、残された片方だけでは人に信じてもらえないような種類のものなのである。

さて、以上でマルクスの疎外論についてのオイゼルマンによって代表されるスターリン主義的解釈をみてきたのであるが、そしてこうした解釈がわれわれにとって馬鹿話であることは疑いの余地がないのであるが、しかし大事なことは、それにもかかわらず、スターリン主義的パラダイムの信奉者たちにとってはこの解釈が、まさに自分たちのパラダイムに見合うように創作された物語であるがゆえに、あくまでも疑いの余地のない真実にほかならなかったということとである。したがって彼らによってこの解釈は、少なくともその基本的構想は、今日にいたるまで繰返し説かれ、ともかくも再生産されてきている。

ところが、すでにみてきたように、『入門』はまさに一世を風靡してきたといってもよいこのマルクス解釈にたいして黙殺同然の態度をとっているのである。したがって、当然のことながら、『入門』はこの解釈とそれが基づいているところのスターリン主義的パラダイムにたいして意識的に対決しようとはしていないとみなさなければならないであろう。このことは、ただちに、『入門』がスターリン主義的解釈を克服していないだけではなく、この解釈によって深刻に汚染されたきわめて興味深い現象を呈しているのではないかということを推測させる。そして、実際に多少なりとも立入って検討してみるならば、残念なことであるが——というのは、『入門』の著者たちは、すでに自分たちがスターリン主義的解釈を完全に克服してしまっていると思い込んでいるかもしれないので——、こうした推測がけっして間違ってはいないことが容易に明らかになってくるはずである。だがこの種の作業は、かの古代ギリシャの偉大な哲学者のことばを借りるならば、「時間がその勝れた発見者ないしは協力者である」ような仕事でしかないように思われる（アリストテレス『ニコマコス倫理学』第一巻第七章）。

―註―

(1) それらの先駆的な業績とその意義についてはすでに一九六〇年代の半ばにアダム・シャフによって論じられている。Adam Schaff : Marxisismus und das mennschliche Individuum. Europa Verlag, 1965. S. 25-29.

(2) スターリン主義哲学にたいするこのような批判は、ユーゴスラヴィアの『プラクシス』派をはじめとしてさまざまな人々によってさまざまな仕方で発展させられてきている。この批判がどのようなところまで進められてきているかについては、つぎの文献が参考になるはずである。岩淵、三階編著増補版「マルクス哲学の復権――『プラクシス』派の歴史と哲学」、時潮社、一九八七年。

(3) この点についても、さしあたって前掲「マルクス哲学の復権」参照。

(4) Thomas Kuhn : The Structur of Scientific Revolutions. Chicago, 1970, p. 157. 邦訳、中山茂訳、みすず書房、一七七ページ。

(5) ソ連科学アカデミー哲学研究所編『世界哲学史』第五巻、出隆、川内唯彦、寺沢恒信監訳、商工出版社、四一ページ。

(6) T. I. Oisermann : Die Entstehung der Marxistischen Philosophie. Dietz Verlag, Berlin, 1965, S. 224.

(7) Ebenda. S. 342.

(8) 人間にかんする二つの概念を初期マルクスがどのように発展させていたかについては拙著『初期マルクスの批判哲学』(時潮社、一九八六年) 参照。

(9) Karl Marx : Grundrisse der Kritik der politischen Ökonomie. Berlin, 1953, S. 387.

ちなみに、ここで引用した言葉が含まれているパラグラフは、「後期の」「成熟した」マルクスが「初期の」「未熟な」マルクスの疎外論を克服したという新旧のスターリン主義者たちの大合唱――この合唱に構造主義者や「物象化」論者も多少変わった声を精一杯張上げて参加してきた――が、いかにマルクスにたいする根本的な誤解に基づく戯言でしかないかを異論の余地のないような仕方で明瞭に示している。

『経済学・哲学草稿』と現代

はじめに

マルクスの有名な『経済学・哲学草稿』は、長いあいだ寝かされたままでいて、ようやく一九三二年になって初めてこの世に姿を現した。書かれたのは一八四四年の六月から八月にかけてであったと推定されるので、この著作は誕生以来一九九四年夏でちょうど一五〇年目を迎えたことになる。人々の関心をあつめているような著作であれば、一五〇周年を記念したさまざまな企画などが立てられるのであるが、そのような話はほとんど聞こえてこない。こうしたことから窺えるのは、この著作にたいする関心がかなり低い水準にあるのではないかということであるが、この低さはまた最近におけるマルクスにたいする、さらにはマルクス主義全体にたいする関心の著しい低下と関連していることは間違いないであろう。そして、この関心の低下は、「ベルリンの壁」崩壊後の最近の世界の歴史を念頭に置けば、当然すぎるほど当然なのであるが、しかし、さしあたって注目すべきは、こうした傾向のなかで、とくに最近までマルクス主義の主要な潮流すなわち新旧のスターリン主義の支持者であった人々が今やスターリン主義を放棄する――これはもとより結構なことである――とともに、マルクスの思想そのものにたいしても声高に非難攻撃をくわえていることである。旧ソ連のペレストロイカにおいてゴルバチョフとともに大いに活躍したヤコブレフの次のような文章は、その代表例とみなしてもよいであろう。

「マルクスは初期の著作で述べた人間性と愛とにかんする見解を最終的には放棄した。マルクスはモラルに基づく正義を論ずることはもうなかった。…それが昂じて、革命と共産主義の利益に適うものなら何でも道徳的であるという主張にいたる。…マルクス主義がしたことは、結局、われわれを奈落へ突き落とし、立ち遅らせ、良心を根絶やしにすることだった。(1)」

これはソ連型社会主義の末期の現実を経験しその解体のために重要な役割を演じた人物の文章であるだけに重みがあるが、さしあたって大事なことは、ここに見られるように、今やマルクスも投げ捨てるべきだと叫んでいる人々がけっして少なくないということである。たしかにこの一節の最後の文章に表明されている見解には否定されえない真実が含まれていて、その限りで誰しもマルクス主義の有罪宣告を承認せざるをえないであろう。マルクス主義の旗を掲げてきたソ連型社会主義諸国においては夥しい量の人々が――その他の諸国の、同じ旗を掲げてきた諸組織においても少なからぬ人々が――、奈落の底へ突き落とされ、立ち遅れさせられ、良心を根絶やしにされてきたのである。問題は有罪なのはどのようなマルクス主義であったのかということである。私もまた、すでに多数の人々によって論じられてきているように、スターリンと新旧のスターリン主義者たちのマルクス主義が有罪であったことは疑いがないと考えているし、また彼らに圧倒的な影響を及ぼしてきたレーニン、さらにはエンゲルスの責任もきわめて重いと考えている。だが、ここで主張されているように、はたしてマルクスもまた本当に有罪であったとみなすべきなのであろうか。そしてまた、それ故に、スターリン主義とともにマルクスの思想もまた投げ捨ててしまわなければならないのであろうか(2)。さらに、ヤコブレフは自己の主張の前提として、マルクスが彼の初期の、つまりは『経済学・哲学草稿』の時期のヒューマニズムを放棄してしまったという周知のマルクス解釈を強調している。だが、そもそもこの解釈はどの程度の妥当性をもっていたのか。以下、これらの問題を、書かれてから一五〇年目を迎えている『経済学・哲学草稿』を念頭におきながら、マルクス主義哲学史全体を顧みつつ検討しておくことにしたい。

一 『経済学・哲学草稿』公刊以前

マルクス主義の歴史において非常に大きな意味を持っているにもかかわらず、あまりよく理解されているとはいえない単純な事実がある。それは、『経済学・哲学草稿』がその代表例になるが、今日ではマルクスの思想を理解するうえで不可欠の重要な資料とみなされている彼の諸著作が、その他のそれほど重要とはいえないような諸著作とともに、長期にわたって発表されないままでいたということである。さしあたって何よりも先ず注目すべきは、マルクスが一八四三年の春から夏にかけて書いた『ヘーゲル国法論批判』は一九二七年に、『経済学・哲学草稿』と『ドイツ・イデオロギー』は一九三二年になって初めて公刊されたということであり、そして『一八五七〜八年の経済学草稿（経済学批判要綱）』が一九三九年、一九四一年に、『一八六一〜三年の経済学草稿』の全文はさらにずっと遅れて公表されたということである。

すでにアダム・シャフなどによって早くから指摘されていたことであるが、[3] こうした事実が示しているのは、それら著作が発表される以前の時期の諸世代のマルクス主義者たちのマルクスについての知識がきわめて不十分なものであらざるをえなかったということである。マルクス主義の歴史において大きな役割をはたしてきた人々、すなわちカウツキー、ローザ・ルクセンブルグ、プレハーノフ、レーニン、グラムシ等々は、彼らにとってやむをえない知識不足のおかげでマルクスの思想形成過程を適切に理解することができず、とりわけ彼の哲学的パラダイムを正確に理解することが困難であったとみなさなければならない。彼らにとってマルクスは哲学者としては存在しないも同然であったのではないであろうか。

だが、もとより困難であるということはまだ不可能であったということを意味するわけではない。たしかに、ここで挙げたような人々は、彼らが利用できた文献が非常に限られていたので、マルクスを理解するという課題を解決することが大変に難しかったのであるが、しかし、改めて指摘するまでもなく、この課題を解決するための通路が完全に閉ざされてしまっていたというほどではなかった。ここで挙げたマルクス主義者たちも『ライン新聞』時代のいくつかの論説や『独仏年誌』の二つの論文、すなわち「ユダヤ人問題によせて」と「ヘーゲル法哲学批判序説」を、また、ほとんどすべてをマルクスが書いた『聖家族』なども読むことができた。さらに、『哲学の貧困』や『共産党宣言』、『資本論』や『フランスの内乱』などについてはいうまでもない。(4)

しかし、実はこのマルクスへの通路は、たしかに開いてはいたが、しかし通り抜けるだけの価値などはないとされていたのである。というのは、この通路の先にいるのは、まだマルクスになっていない未熟なマルクスでしかないというご託宣が下されていたからである。このご託宣の主はいうまでもなくエンゲルスであり、彼の考えでは、『独仏年誌』のマルクスの二論文はもとより『聖家族』でさえもまだ「新しい世界観」が形成される以前の著作であり、マルクスがまだ「フォイエルバッハ主義者」であって本来のマルクスにはなっていなかった時期の著作であったのである。(5)

マルクス死後のマルクス主義者たちのあいだでエンゲルスの権威はきわめて大きなものであったが、特にマルクスに関わる問題では圧倒的なものであった。ほかならぬこのエンゲルスが、一八四五年の春以前のマルクスの著作はまだ「フォイエルバッハ主義者」のものであって、本来のマルクスのものではなかったとはっきりと表明していたのである。いったい誰がこれに異議を申し立てることができたであろうか。

こうして、もともとマルクスの思想形成過程を理解するうえで決定的に重要な諸著作が未公表であったところに、僅かに知られていた諸著作までも、エンゲルスによって本来のマルクスのものではなく、「フォイエルバッハ主義者」としてのマルクスのものであったというレッテルが張り付けられてしまっていたのである。もちろん、たんなるレッテルであったならば、力をこめて引き剥がすということもできなかったわけではない。問題は、それが名実共にマルクス主義の最高の権威によって行なわれた封印であったということである。この封印のおかげで、僅かに残されていたマルクスの思想への狭い通路も完全に閉ざされてしまったのと同じであったのである。

では、エンゲルスによって封じ込められてしまったマルクスの哲学とは何であったのか。それは、すなわちエンゲルスによってまだ本来のマルクスのものではないとされていた彼の初期の諸著作のさまざまな箇所で明確に表明されていたラディカルなヒューマニズムにほかならなかった。「ヘーゲル法哲学批判　序説」のなかの次の一節はそのもっとも代表的な例である。

「ラディカルであるということは、事柄を根本［Wurzel, radix（lat.）］において把握することである。しかし、人間にとっての根本は人間自身である。ドイツの理論がラディカリスムである明白な証明、したがって、その実践的エネルギーの明白な証明は、その理論が宗教の決定的な、積極的な止揚から出発したところにある。宗教の批判は、人間が人間にとって最高の存在［das höchste Wesen］であるという教えをもって終わる。したがって、人間が貶められ、隷属させられ、見捨てられ、軽蔑された存在となっているような諸関係……を覆せという定言的命令をもって終わる。(6)」

マルクスが目指したのは、ドイツにおける宗教批判、とりわけフォイエルバッハによる「人間の自己疎外の聖なる形態」にたいする批判を前提にし、さらにはそれを模範としながら、もはやフォイエルバッハ的パラダイムでは処理することができなかった「その聖ならざる諸形態における自己疎外」、人間の現実的生活における疎外の諸形態を批判し、それらの克服を訴えることであった。[7] マルクスにとってここから出発してはじめて哲学的唯物論もヘーゲルから継承した弁証法も、さらには彼によって開発されたスケールの大きい歴史哲学でさえもそれらの意味を獲得することができたのである。

こうしたマルクスの思想、その中核をなす哲学思想が「フォイエルバッハ主義者」マルクスのものでしかないということで否認され遠ざけられてしまったのであるが、その代わりに本来のマルクスの哲学思想としてエンゲルスによって提案されたのが、『反デューリング論』や『フォイエルバッハ論』においてそれなりに体系的に叙述されている思想であった。[8] それは、検証可能な知識以外を認めないだけではなく、いっさいの規範的なものを排除しようとする傾向と、そうした観点に見合う、自然法則と類似した仕方で歴史の法則性を把握しようとする機械的決定論的傾向をもった歴史哲学によって特徴づけられていた。したがって、ちりばめられている革命的な言辞に惑わされずに読めば容易にわかるはずであるが、エンゲルスの哲学は、マルクスのラディカル・ヒューマニズムとは真っ向から対立する一種の実証主義にほかならなかったといってもよいであろう。[9] そして、この哲学がエンゲルスの権威によってマルクス主義哲学の正統な解釈として受け入れられ、カウツキー、プレハーノフ、レーニンなどによって発展させられ、マルクス主義の伝統を形成することになったのである。

二　『経済学・哲学草稿』公刊以後

エンゲルスによるマルクス哲学の封じ込めが可能になった諸条件のうちの最大のものは、マルクスとの特殊な関係から彼が帯びていた権威であったが、もう一つの大きな条件は、すでに発表されていたマルクスの諸著作、とりわけ彼の哲学的諸著作が少なかったということであった。すでに述べておいたように、この条件は一九二〇年代の後半から変わり、とりわけ一九三二年における『経済学・哲学草稿』と『ドイツ・イデオロギー』の公表によって狭かったマルクス哲学への通路が一挙に拡張されたのである。

では、この変化に応じて、エンゲルスによるマルクス哲学の封じ込めが効力を失い、マルクス哲学が本格的に舞台に登場することになったのであろうか。この問いにたいする答えは基本的には否であって、ごく僅かな例外的ケースを除くならば、マルクス主義者たちの圧倒的多数はそのような方向では努力をしなかったのである。彼らはマルクス哲学についての理解を改めるどころか、この哲学にたいしておこなわれてきた封じ込めをいっそう強化し、そのために新たな神話までも造り出してきたのである。

何よりも先ず、未発表であったマルクスの諸著作が発表された時期があまりにも悪かったのである。改めていうまでもなく、スターリン時代の成立によってマルクス主義の歴史は新しい段階にはいっていた。『ヘーゲル国法論批判』が発表されたのは、ちょうどスターリン時代の幕が開かれた時期であり、『経済学・哲学草稿』などが発表されたのはスターリンが哲学的イデオロギーの領域でもすでに彼の権威を確立していたときであった。そしてこのスターリンは、はじめて日の目を見た貴重な哲学的文献を通して現れてきたマルクスからは少しも影響を受けず、それどころかこのマルクスとははっきりと対立して、エンゲルスから始まりプレハーノフ、レーニン等によって発展させられた伝統に基づいてマルクス主義哲学を解釈しそれをいっそう発展させようと努めていたのである。

そのスターリンの哲学がこの時代を通じてマルクス主義哲学の最高の成果として祭り上げられ、マルクス主義者たちを呪縛し続けた。この時代のマルクス主義的社会主義運動はスターリンの権威を受け入れなかったり、この権威に逆らったりというような人々にたいして生命の抹殺――スターリン時代の入り口のところでラーゲリに送られ殺された有名なマルクス研究者リャザノフのケースはその最初の代表例の一つである――までふくめて多様な懲罰のための技術を開発していたこともあって、スターリンの哲学の呪縛は凄まじい程度にまで進んでいた。したがって、スターリン時代のマルクス主義哲学の歴史はすなわちスターリン主義哲学の支配の歴史にほかならなかったのである。[10]

こうしたことの結果の一つで当面の私たちのテーマとの関連で重要なことは、マルクス主義者のあいだでまともなマルクス研究がなされず、おかげで、マルクスの思想への通路が広々と拡張されたにもかかわらず、この思想についての理解は少しも改善されなかったということである。結局、エンゲルスによる封じ込めを破る絶好の機会が訪れたにもかかわらず、この機会はとらえられず、ようやく公表された『ヘーゲル国法論批判』はもとより『経済学・哲学草稿』も、エンゲルスのマルクス解釈の延長線上で「フォイエルバッハ主義者」マルクスの未熟な著作とみなされて軽く扱われ、『ドイツ・イデオロギー』は自然法則的な必然性が強調されるエンゲルス的歴史観に首尾よく組み込まれ解釈されてきたのである。

ただ問題は、新たに発見されたマルクスの諸著作が、とりわけ『経済学・哲学草稿』が、放っておくだけでは済まない重みを持っていたことである。それらの著作を先入観なしに読めば誰でも、マルクスが、いちはやくフォイエルバッハの限界を超えて、どれほど本格的に疎外論に取り組みこの理論を発展させていたかを理解しただけではなく、『ドイツ・イデオロギー』等においても彼がこの理論と訣別したのではなく、この理論を前提にすえつつ新たな歴史観を開発していたことも理解したはずである。[11] そして、実際に早くも一九三〇年代の前半のうちにそうした方向で新しいマルクス解釈を発展させようと試みる人々も現れてきていた。したがって、マルクス主義者学の伝統的解釈の基礎を揺るがしかねないそうした方向を閉ざすためにも、マルクスの疎外論についての見解を含みうるような仕方でエンゲルス的解釈をいっそう膨らませる必要性が生じてきた。そこで造り出されたのが、若きマルクスの疎外論はヘーゲルやフォイエルバッハなどの先行した諸哲学の残滓であって、後期の、成熟したマルクスにおいては放棄されたという見解である。これはエンゲルスから始まった伝統的マルクス解釈を救い、さらにはスターリン主義を防御するための神話にほかならなかったのであるが、スターリン主義者たちによって広範に広められ、おかげでマルクスの哲学的諸著作はすでに彼自身において克服されてしまった過去の思想を述べたものとしてきわめて軽く取り扱われることになったのである。

では、スターリン時代の終焉はこうした状態にも終止符を打ち、いよいよマルクス哲学がマルクス主義の歴史の前面に押し出され、ヤコブレフのような人たちによってその責任が問われるほどにまで影響力が大きくなって行ったのであろうか。彼らに同意したいと考えている人々が存在するかもしれないが、この問いにたいする答えは明白に否なのである。ポストスターリン時代のマルクス主義においてもスターリンからレーニンを媒介としてエンゲルスにまで遡ることができる実証主義的性格も、哲学の原理的な部分を歴史に拡張し適用するという構造から生ずる歴史についての機械的決定論的な理解もそのまま維持された。したがって、哲学的パラダイムの次元では何らの変更もなされなかったとみなされなければならないのである。この点は、このパラダイムがもっともよく表現されている、スターリン批判後に刊行された二つの哲学教科書（一九五八年版と一九七一年版）をみれば一目瞭然である。すでに数多くの人々によって繰り返し確認されてきたことであるが、スターリン以後の時代の哲学上の変化は、本来のスターリン主義的哲学からスターリンなき後のスターリン主義哲学、すなわち新スターリン主義哲学への移行でしかなかったのである。

要するに、スターリン以後の時代にあっても、たしかにその純粋にスターリン的形態は払拭されたが、エンゲルスから始まった伝統的なマルクス主義のスターリン主義的形態は生き延び、それがマルクス主義の主要潮流を形成してきた。[12] そして、ここから容易に想像されうるように、このマルクス主義のマルクス哲学にたいする態度は基本的には前の時代とまったくかわらなかったのである。つまり、マルクスの哲学を受け入れるどころか、原理的に異質なものとして否認し排斥してきたのである。このことは、この時代になって先ずMEW［『マルクスエンゲルス著作集』、邦訳『マルクス　エンゲルス全集』、大月書店］が刊行され、さらにその後新MEGA［『マルクスエンゲルス全集』、現在もなお刊行中］が刊行されるとともに、新旧のスターリン主義者たちによってマルクスについての膨大な量の研究論文や研究書が積み重ねられてきたことと矛盾しているように見える。というのは、そうしたマルクス哲学についての論文などはまさにその哲学を甦らせるために書かれてきたのではないかと考えられるからである。しかし、立ち入って見てみると、そうではなく、大部分の論文はむしろその反対の目的のために、まさにマルクス哲学を葬るために書かれてきたことがわかる。

それらの論文はいずれも結局は次のような同一の物語をさまざまな仕方で書いてきたのである。すなわち、マルクスは彼の初期の疎外論を放棄してしまった、つまり彼はその初期の革命的ヒューマニズムの哲学を投げ捨ててしまったのである、と。すでに見てきたように、これはスターリン時代に造られた神話の一つにすぎないのであるが、今やそれが大声で合唱されるようになったのである(13)。

この声は前の時代に較べるとはるかに大きくなってきたが、それにはそれなりの理由があったことはいうまでもない。それは、何よりも先ず、スターリン時代の終焉の前後からスターリン主義に抗してマルクス哲学を復権させようとする運動が発展しつつあったが、この運動に参加した人々が『経済学・哲学草稿』などにおける疎外論の意義を大いに強調していたことに求められる。これはすでに前の時代に例外的に採られ始めていた方向であったが、今やそれが急速にその支持者の数を増やし始めたのである。そこで、マルクス哲学の復権を阻止し新スターリン主義を保守しようとしていた人々は、疎外論が後期のマルクスによって超克されてしまったという解釈をそれだけいっそう大声で主張しなければならなくなったというわけである。この解釈は、どれほど大声で歌われようとさほどの根拠もないたんなる謬見にすぎず、あくまでも神話の一つにすぎなかったのであるが、しかし、今日にいたるまでのマルクス主義の歴史を顧みてみるならば、新旧のスターリン主義者たちによるこの解釈の大合唱が効を奏してマルクス哲学の復権が首尾よく阻止されてきたといってもよいであろう。[14] それがどの程度のものであったのかを知るうえで、すでに何度も引き合いに出しているヤコブレフの文章が役に立つであろう。最初に引用しておいたが、念の為にもう一度見ておくならば、彼は反スターリン主義的なマルクス主義者たちの議論についても十分に知りつつなお、「マルクスは、初期の著作で述べた人間性と愛とにかんする見解を最終的には放棄した」と主張しているのである。これは、つまりはマルクスがその初期の疎外論を後期には放棄してしまったということであり、ほかならぬスターリン主義の神話である。ペレストロイカのリーダーの一人の信念の吐露が、マルクス主義のメインの潮流において最後の最後までいかにスターリン主義が力を失っていなかったかということの、そして、それとともに本来のマルクス哲学がいかに遠ざけられ、排斥されていたかということの、したがってまた、この哲学がマルクス主義哲学の歴史にたいしていかに何等の影響もおよぼしてこなかったかということの生きた証拠になっているとみることにたいして異論の余地がないであろう。

おわりに

ヤコブレフによれば、「マルクス主義がしたことは、結局、われわれを奈落へ突き落とし、立ち遅らせ、良心を根絶やしにすることだった」のである。このヤコブレフの主張はそれ自体としてはけっして不当ではないが、問題は、スターリン主義に冒され混乱させられた頭のおかげで彼が、このマルクス主義はマルクスによって基礎づけられた思想にほかならないと主張していたことにある。マルクスは一度も舞台に登場しないうちに、いつのまにか大物悪役にされ、今や舞台から放り出せといわれているのである。以上でみてきたように、マルクス主義哲学の歴史を顧みてみるならば、この歴史は、マルクスによってではなく、彼とは異質な思想の持ち主であったエンゲルスによって定礎された哲学が出発点になっていたのであり、それがプレハーノフやレーニン等々によって発展させられ、さらにスターリンとスターリン主義者たちによって継承されてきたのである。マルクス自身の思想は、一九三〇年前後にいたるまでの最初の段階においては発表されていた著作が著しく不十分であったために、そしていよいよそれらの著作が十分に発表されたときには彼の哲学とは異質な哲学によって排除されてしまって、長期にわたるマルクス主義哲学の歴史を通じて責任を追及されなければならないほどの影響力を一度として発揮したことがなかったのである。したがって、当然、ヤコブレフが考えているように、彼を有罪とみなし、二〇世紀の社会主義運動の最悪の側面の責任を彼に求めることなどはできないのである。

ヤコブレフのような人たちは、結局、マルクスとスターリン主義との決定的な相違を最後まで理解することができず、したがって、いよいよ自分たちが信じてきたスターリン主義を放棄しなければならないと心を決めたときに、当然同時にマルクスをも放棄することにならざるをえないのだと単純に考えてしまったのである。だが、これは完全な間違いであって、マルクスはその初期のヒューマニスティックな疎外論から、スターリン主義へと通じているエンゲルス的実証主義へ移行するなどということはなかったのである。したがって、スターリン主義を放棄しなければならないからといって、エンゲルスから始まった伝統的なマルクス主義哲学はともかくとしても、マルクス哲学までも放棄しなければならない必然性は少しもないのである。

そもそもエンゲルスのマルクス解釈がまったく間違った、不適切なものであったが、それが膨らまされたスターリン主義的なマルクス解釈、つまりマルクスが彼の初期の疎外論を後期においては放棄してしまったという解釈もまったくの神話でしかなかった。しかし、エンゲルスからはじまってレーニンを経てスターリン主義によって流行《はや》らされてきたマルクス思想封じ込めの作戦が大いに効を奏してというべきであろうか、たんにスターリン主義的なマルクス主義者たちのあいだだけではなく、非マルクス主義者たちのあいだでさえも、マルクスが若いときの彼の哲学を放棄したという見解がしばしばありふれた真実ででもあるかのように受け入れられている。そこで、最後に『資本論』のために書かれたが、長いあいだ未発表であったマルクスの経済学草稿集を利用して、この見解が完全に間違っていて、彼の思想が基本的に連続していたことを改めて示しておくことにしたい。

かつてフォイエルバッハは、人間にとっての最高の存在としてキリスト教徒たちが崇め奉っている天上の神が人間の頭が造り出した一つの幻想［eine Illusion］、「人類にたいして根本的破壊的に作用し、人間から現実的生活の力を奪い、真理および徳の感覚を奪う」一つの幻想にほかならないと主張し、その破壊を訴えた。(15) マルクスはこの宗教批判を前提として批判をさらに物神崇拝にまで押し進めたのであるが、この言葉のもとにマルクスが考えていたのは、疎外の結果として人間が造り出した物が人間よりも高い存在として、地上の神々として人間によって崇め奉られている、したがって人間が貶められている状態である。この「物神崇拝」こそはマルクスが、人間が惨めな最低の状態に陥っていることのしるしにほかならないと考えていたものであるが、彼がこの物神崇拝が商品、貨幣、さらに資本においてますます顕著になってくることを詳細に論じていることはよく知られている。ところで、宗教的人間にとって人間が造り出した神にたいして人間が手段として奉仕するという転倒が生ずるのであるが、物神崇拝がおこなわれる社会にあっては人間は手段として物神となった物に奉仕することになる。まさにこの点にマルクスはその初期に資本主義の、したがってまた労働の疎外の最大の問題が存在すると考えていたのであるが、その後期においても彼は同じ問題をさまざまな機会に論じているのである。その代表例としてつぎの箇所があげられるであろう。

「たんなる形式的な関係――発展度の低い資本主義的生産様式にも発展度の高い資本主義的生産様式にも共通している一般的形態――をみただけでも、生産諸手段すなわち物象的労働諸条件――労働材料、労働手段（および生活手段）――が労働者に従属するものとして現れるのではなく、それらに労働者が従属するのである。労働者が生産諸手段を使用するのではなく、生産諸手段が労働者を使用する。そして、そのことによって生産諸手段は資本なのである。資本が労働者を使用するのである。生産諸手段は、それらが直接的生活手段の形態であろうと、交換手段としてであろうと、諸商品としてであろうと、労働者にとっては、諸生産物を生産するための手段なのではない。労働者が生産諸手段にとっての手段なのであって、一面では生産諸手段の価値を保存するための、他面では、それらの価値を増殖させ、すなわち増大させ、剰余労働を吸収するための、手段なのである。(16)」

その発展の程度にかかわりなく資本主義的生産様式においては、労働者の労働の結果にほかならない労働諸条件が労働者に従属するのではなく、逆に労働者が労働諸条件に従属し、それらの諸条件の価値を保存し、さらに増殖するための手段になっている。マルクスが労働者とその労働が何かのための手段ではなく、目的そのものでなければならないと考えていたことは明白である。だからこそ、彼にとって、本来手段でなければならない労働諸条件が目的になり、労働者とその労働が手段にまで貶められる資本主義的生産様式は人間にとって不適切な生産様式であって、労働者と彼の活動が目的そのものとして位置付けられるような生産様式によって取って代られなければならないのである。一見たんなる記述的な文章の集合にみえるが、ここで引用した一節は同時に規範的な文章の集合でもあったのである。

ここで問題はさしあたっては目的と手段との転倒であるが、これはまた人間と物、人格［Person］と物象［Sache］との転倒でもある。そこでマルクスはここで引用した文章に続けて、次のように書いている。

「すでにこの関係はその単純性において一つの転倒、すなわち物象の人格化［Personificierung der Sache］および人格の物象化［Versachlichung der Person］である。というのは、この形態を以前のすべての形態から区別するのは、資本家がなんらかの人格的性質において労働者を支配することではなく、ただ彼が『資本』であるかぎりにおいてだけ労働者を支配するということだからである。資本家の支配は、生きた労働にたいする対象化された労働の支配にほかならず、労働者自身にたいする労働者の生産物の支配に他ならない。[17]」

マルクスの「物象化」についてはある時期のルカーチの解釈などもふくめて特殊な諸解釈が広められてきているが、マルクス自身がどのようにそれを使っていたのかがここによく示されている。ここで引用している著作においても、またその他のさまざまな著作においてもマルクスは少なからずこの概念を使っているが、それらのケースのいずれをみても彼は概ね、丁度ここでそうしているように、「物象の人格化」との対概念として、したがってあくまでも「人格の物象化」として使っている。前者の概念は本来は手段にすぎないはずの労働の対象的諸条件が資本として目的に転ずることを表すとすれば、「人格の物象化」の方は、何か特別に神秘的な過程に表すのではなく、本来目的として扱われるべき生きた労働の担い手である人間が手段として、物として扱われるにいたっているということを、したがって人間が人間としては否定されているきわめて否定的な状態におかれていることを表しているのである。そして、ここで引用した文章の後半がはっきりと示しているように、このような物象化は「生きた労働にたいする対象化された労働の支配」、「労働者自身にたいする労働者の生産物の支配」の、つまり労働の疎外の一つの帰結でしかないのである。

一例を挙げただけであるが、後期のマルクスが彼の初期の疎外論を放棄したのではなく、逆にそれを維持し発展させていたのであることは、まさ火を見るより明らかではないであろうか。

さて、ここではもはや立ち入ることはできないが、後期のマルクスはたんに資本主義的生産の本質を特徴付けるさいに疎外概念を用いていただけではなく、当然、この疎外の止揚とその諸条件についてもさまざまな機会に論じている。とりわけ興味深いのは、疎外された労働の担い手である労働者の方が、疎外をまさに疎外として感じ、この疎外に抗して反逆せざるをえないような状況におかれているので、最初から資本家よりも高いところに立っているというような議論も展開していることである。これは、「ヘーゲル法哲学批判　序説」ではじめて提起され、その後急速に発展させられて『聖家族』において明確に表現されていた典型的な初期マルクスの基本的な思想の一つであったことはよく知られている。[18]

要するに、疎外論を放棄したなどという話は、疎外論を受容できなかっただけではなく、それを退けなければならないと考えていたスターリン主義者たちが作り出した神話でしかなかったのであり、ヤコブレフの議論はその神話がいまもなお力を失ってはいないということの実例を提供していただけのことでしかない。実際のマルクスはその初期から一貫して疎外論を発展させようと努めていたのであって、その後期においても疎外概念に基づいて資本主義批判を深めるとともに、疎外の止揚の概念によって未来社会の構想とその実現の諸条件について理論を発展させようと努めていたのである。

この本来のマルクスの思想、マルクス主義の歴史から疎外され、その歴史にたいして積極的な影響をまったく与えてこなかったこの思想も、ここで触れることはできなかったが、『経済学・哲学草稿』が発表された当時からごく僅かな人々によって注目されてきた。そして、スターリン批判の前後からは、スターリン主義とそこにストレートに流れ込んで行った伝統的マルクス解釈に抗して、この思想を救い出し復権させようという個人や集団の活動がかなり活発になってくる。私たちの社会ではあまりよく知られていないが、彼らのなかでもとりわけ『プラクシス』派の活動は際立っていて、彼らはマルクス哲学を復権させ、それを国権主義的な社会主義批判にまで発展させることによってマルクス主義哲学を時代の高みに引き上げようと努め、大いに成果を挙げてきたのである。(19) エンゲルスからはじまりスターリン主義にまで到達したマルクス主義の破綻が、マルクス哲学に基づいて本来のマルクス主義をいっそう発展させることを目指して活躍してきた『プラクシス』派などの方向が広く受け入れられるための好条件を作り出してくれたのだとみることもけっして不可能ではないのである。

註

（1）アレクサンドル・ヤコブレフ『マルクス主義の崩壊』、井上幸義訳、サイマル出版、一九九四年、六三ページ。

（2）例えば、御園生等編『今、マルクスをどう考えるか』所収の福田論文、田中論文等々を参照せよ。そうした見解にたいする批判として拙稿「社会主義と市場」参照、『唯物論』第六七号所収。

（3）Adam Schaff:Marxismus und das menschliche Individuum.Europa Verlag, 1964. S. 9. この箇所は河野健二監訳『若きマルクスと現代』（合同出版社）、花崎訳『マルクス主義と個人』（岩波書店）に含まれている。

（4）その結果、実際にレーニンは次のようなかなり適切な解釈に到達していた。すなわち「マルクスの観念論から唯物論への、また革命的民主主義から共産主義への移行」が『独仏年誌』で「最終的に成し遂げられている。」しかし、こうした解釈もレーニンのマルクス哲学の理解においてはまったく生かされていない。レーニン『カール・マルクス』、国民文庫、五二ページ。

（5）Friedlichi Engels:Ludwig Feuerbach und der Ausgang der klassischen deutschen Philosophie. In : k. Marx / F. Engels Werke. Bd. 21. S272, S. 262.

（6）K. Marx : Zur Kritik der hegelschen Rechtsphilisophie. Einleitung. In : K. Marx / F. Engels Werke. Bd. 21, S. 379.

（7）Ebenda.S.385.

（8）レーニン「マルクス主義の三つの源泉と三つの構成部分」参照、前掲『カール・マルクス』所収。

（9）ここで展開されているエンゲルス批判の詳細はつぎの拙稿参照。「マルクスと宗教批判」、江川義忠編

『哲学と宗教』所収、理想社、一九八三年。
(10) この問題を検討するうえで次の文献が大いに参考になる。古在由重著『ソヴェト哲学の発展』、青木文庫。
(11) 拙稿「『ドイツ・イデオロギー』における疎外論の発展」参照、『唯物論』、第四八号。なお問題の著書については次の文献を参照せよ。岩佐、小林、渡辺共著『『ドイツ・イデオロギー』の射程』、創風社、一九九二年。田上孝一「『ドイツ・イデオロギー』の疎外論」、『唯物論』、六七号。
(12) 拙稿「マルクス主義哲学の現在」参照、東京唯物論研究会編『マルクス主義思想　どこからどこへ』時潮社、一九九二年。
(13) 例えば、テ・イ・オイゼルマンの著作が何冊も翻訳されているので、それらを参照せよ。
(14) ここで西側の真正スターリン主義者たちや、アルチュセールのような必ずしも真正ではないスターリン主義者たちの活躍ぶりも思い起こすべきであろう。
(15) フォイエルバッハ『キリスト教の本質』、岩波文庫、下、一六〇ページ。
(16) Karl Marx:Zur Kritik der politischen Ökonomie (Manuskripte1861-1863) .In:MEGA.Ⅱ-3-6, S216. マルクス『資本論草稿集』9、大月書店、四二一ページ。
(18) K.Marx: Ökonomische Manuspript 1863-1867. In: MEGA. Ⅱ-4-1, S.64-65.
(19) 三階徹、岩淵慶一編著『マルクス哲学の復権』参照、時潮社、一九八三年（増補版）。

『ドイツ・イデオロギー』における疎外論の発展

はじめに

しばらくまえまで、『ドイツ・イデオロギー』において初期マルクスの疎外論が超克されたと語られてきた。そして今日もなおこの仮説は若干の研究者によってもっともらしく説かれている。だが、それにもかかわらず、この仮説が『ドイツ・イデオロギー』にたいする根本的な誤解に基づいていることは、すでにこれまでに多くの研究者によって指摘されてきた。以下の小論で私は、原稿の復原がもっともすすんでいるその第一巻第一章に基づいて、この指摘が実際に正しく、『ドイツ・イデオロギー』における疎外論の超克という仮説が間違っていることを示すとともに、さらに議論を発展させて、この共著でたんに疎外論が保存されているだけではなく、この理論がいっそう発展させられていることを簡単に明らかにしておきたい。周知のように、『ドイツ・イデオロギー』第一章にもいくつかの未解決の謎が残されている。だが、以下の議論はそれらの謎の解決を論理的に前提しているわけではないので、それらの問題については敢えて触れないでおくことをあらかじめおことわりしておきたい。

一　『ドイツ・イデオロギー』における疎外概念

まず最初に『ドイツ・イデオロギー』にいたるまでの初期マルクスの疎外論を簡単に顧みておこう。

よく知られているように、一八四三年春に『ライン新聞』から身を引いた若きマルクスは、さっそく彼を悩ましてきた諸問題を解決するために、フォイエルバッハのヘーゲル哲学批判を援用しながらヘーゲル法哲学と批判的に対決し、急速にヘーゲルの呪縛から脱するとともに新たな哲学的地平を切り拓くことに努めた（『ヘーゲル国法論批判』）。『独仏年誌』に掲載した有名な二つの論文において彼は、ブルーノ・バウアーやフォイエルバッハ等が主に彼らの批判の鋒先を向けた「人間の自己疎外の神聖なる形態」すなわち宗教的自己疎外がけっして人間の自己疎外の決定的な形態ではなく、「神聖ならざる諸形態における自己疎外」、すなわち政治的および経済的自己疎外によって規定されていること、したがって前者があばきだされた以上、今や後者の諸形態における自己疎外がそれ自体としてあばかれ克服されなければならないことを明確に理解し、すでに「ヘーゲル法哲学批判　序説」においては、それらの人間の現実的生活の諸領域における自己疎外の止揚の欲求と能力とをもっている人間集団として「プロレタリアート」を見出していた。当時マルクスはまだ人間の経済的疎外を十分にとらえてはいなかったが、その後、シュレージェンにおける労働者の叛乱という出来事に直面して、モーゼス・ヘスやエンゲルスから知的刺激を受けつつ経済学の主要諸文献を精力的に研究する。そして、一八四四年の夏に書かれた『経済学・哲学草稿』においてはすでに、人間の生活の諸領域における疎外において経済的疎外がもっとも規定的かつ決定的な位置を占めているという観点にに立って、それを「疎外された労働」を中心として詳細に分析している。また彼は、この疎外の止揚について も、従来の革命諸思想と批判的に対決しながら、これまでの彼自身の着想を発展させて独自の共産主義および社会主義の構想を提起している。こうして『経済学・哲学草稿』でマルクスは疎外論を飛躍的に発展させたのであるが、しかしそこで彼が獲得した諸成果はまた彼を新たな諸問題に直面させることになった。

それらの諸問題の一つは、マルクスが人間の全隷属状態の根底をなすものとみなした「疎外された労働」の歴史的起源、基礎の問題である。彼は『経済学・哲学草稿』第一草稿のなかで疎外された労働の詳細な分析をおこない、その人間学的な意味を考察したのちに、この労働と私有財産との関係について、私有財産は疎外された労働の産物、その成果にほかならないというきわめて重要な結論を導き出している。この結論は、マルクスの新たな革命思想において重要な役割を演ずるが、さしあたってここで注目すべきことは、この結論によって私有財産の起源の問題が労働の疎外の起源の問題に置き換えられるということである。こうしてマルクスは新たに「どのようにして人間は自己の労働を外化し、疎外するようになるのか」という問題を提起したのであるが、しかしこの問題にたいして彼は草稿のなかでは解答をあたえていない。

この点について疎外論超克説の若干の信奉者は、「『経哲草稿』の議論の構造にはある重大な難点がはらまれていた」(廣松渉『マルクス主義の成立過程』等参照)という観点から、マルクスの新たな問題提起そのものが間違っていたかのように解釈している。だが、この解釈がいささかも正当性をもっていないことは、マルクスがこの問題を放棄することなく、その後も問いつづけていたことからも明らかである。エンゲルスとの最初の共著『聖家族』には、初期マルクスの疎外論がいっそう発展させられ、その諸要素が明確かつ簡潔に定式化されているが、この共著のなかでマルクスはこの問題に関連して「市民社会の無政府性」ということを論じている(Z. B : MEW. Bd. 2, S. 124)。これは非常に重要な指摘であるが、しかしこの共著のなかではこの問題が主題的に展開されているわけではない。彼がこの問題を本格的に再び提起し、それにたいしてよりいっそう一般的な解答を見出したのは、一八四五―六年に書かれた共著『ドイツ・

イデオロギー』においてである。

この共著のなかでマルクスはこの問題をつぎのような仕方で提起している。

「諸個人はつねに自己から出発してきたし、またつねに自己から出発する。彼らの諸関係は彼らの現実的生活過程の諸関係である。彼らの諸関係が彼らに抗して自立化するということは、彼ら自身の生活の諸力が彼らを圧倒するようになるということは、一体どこから起こるのであろうか。」（『ドイツ・イデオロギー』、新MEGAテスト版S. 11、廣松版、一六四ページ）

諸個人の諸関係が彼らに抗して自立化し、諸個人の生活の諸力が彼らを圧倒するようになるということとは、若きマルクスがこれまで「疎外」という言葉で呼んできた状態にほかならない。したがって、ここで提起されている問題は、『経済学・哲学草稿』では未解決のままに残された疎外の歴史的起源の問題である。この自ら提起した問題に対して今やマルクスはつぎのようにきっぱりと答えている。

「一言でいえば、分業であり、そしてその段階はそのときどきに発展させられた生産力に依存している。」（同前）

要するに、マルクスはここで、すでに『経済学・哲学草稿』において提起したが、しかし当時はまだ十分に答えることができなかった人間生活の疎外の起源、基礎の問題をあらためて提起し、そしてこの問題にたいして今や一言で明確に「分業」と答えているのである。

ここで彼が簡潔に述べている事柄が『ドイツ・イデオロギー』のその他の諸箇所でさらに詳しく展開されている。ここでは一例だけを挙げておくことにしよう。その第一章「フォイエルバッハ」のなかで、分業の生成とともに私有財産が、さらに諸個人の特殊利害と共同利害との矛盾が生まれるということ、そしてそこから共同利害が国家という「幻想上の『普遍的』利害」が自立的な姿をとるにいたることについて考察されたのちに、つづけてつぎのように書かれている。

「そして最後に、分業はわれわれにたいして直ちにつぎのことについての最初の実例を提供する。すなわち、人間たちが自然発生的な社会にあるかぎり、それゆえ特殊利害と共同利害との分裂が現存するかぎり、それゆえ活動が自由意志的にではなく、自然発生的に分割されているかぎり、人間自身の行為が彼にとって一つの疎遠な、対抗的な力になり、人間がそれを支配するのではなく、かえってこの力の方が人間を押えつける、ということである。同じく、つまり労働が分割されはじめると、各人は、彼に押しつけられる特定の排他的な活動範囲をもつようになり、それから脱け出せなくなる。……社会的活動のこのような自己膠着、われわれ自身の生産物がわれわれを支配する物的な強力――それは、われわれのコントロールをはみ出し、われわれの予期をくいちがわせ、われわれの計算を無効にさせる――へのこの凝固化は、従来の歴史的発展における主要契機の一つである。社会的な力、すなわち幾倍にもされた生産力――これはさまざまな個人の分業において制約された協力によって生成する――は、その協働そのものが自由意志的ではなく自然発生的であるために、これら諸個人には彼ら自身の統合された力としては現れず、一つの疎遠な、彼らの外部に存立する強力として現れる。この強力について彼らはその来し方、行く末を知らず、それゆえ彼らはもはやそれを支配することができないどころか、逆に今やこの強力の方が固有な、人間たちの意欲や動向から自立した、それどころかこの意欲や動向をまずは支配管理する、一連の諸局面と発展諸段階を巡るのである。」（新MEGAテスト版、S. 57-59。廣松版、三四～一二六ページ）

最近、エンゲルスの筆跡で書かれているこのパラグラフに表明されている思想が一体誰のものであるかについて、かなり問題のある解釈がおこなわれている（望月清司『マルクス歴史理論の研究』第三章参照）。だが、この解釈にたいしてはすでに他の研究者による批判もあり、私自身も簡単な批判をあたえておいたので、ここでそれについて触れる必要はないであろう（石井伸男「望月清司『マルクス歴史理論の研究』にかんする批判的覚書」、『唯物論』第四六号所収。拙稿「森田氏の批判に応える」『現代の理論』第一二五号所収）。さしあたってここでより重要な問題は、このパラグラフで叙述されている事柄そのものである。ここで描き出されているのが、これまで若きマルクスが「疎外」という言葉で名づけて来たものと同一の状態であることは、疑問の余地がないであろう。つまり、このパラグラフは、分業によって疎外がいかに生じてくるか、そしてその構造がどのようなものであるか、さらに疎外の結果として人間たちにとって彼らの状態がどのようにみえてくるか、ということを述べているのである。このように解釈することの妥当性は、このパラグラフの欄外に、このパラグラフのすぐあとに挿入するように指示して、マルクス自身がつぎのように書き記していることからも明らかである。

「この『疎外』――哲学者たちにわかるようにこの言葉を用いつづければ――は、もちろん、ただ二つの実践的前提のもとにおいてのみ止揚されうる。……」（同前）

よく知られているように、この文章はこれまでしばしば疎外論超克説の一論拠に使われてきた。たしかにここで――『ドイツ・イデオロギー』ではこの箇所のみに限らないが――マルクスが「疎外」を留保つきで使用している。だが、このことは、マルクスが疎外概念そのものを放棄したことをただちに意味しているわけではない。むしろ先入観に捉われずにこの文章を虚心に読めば明らかなように、それは、まえに引用したパラグラフで描き出されているような、分業を基礎とした主客転倒の状態を「疎外」という用語で表現してもさしつかえないと、マルクスが考えていたことを示している。したがって、疎外論超克説に反して、この文章は、むしろ、『ドイツ・イデオロギー』においてマルクスのそれまでの疎外概念が保存され発展させられていることを、彼自身が証言したものとみなされうるのである。

さて、以上でみてきたように、『ドイツ・イデオロギー』においても疎外概念が保存され、さらにそこで『経済学・哲学草稿』以来のマルクスの懸案の一つが解決されたのであるが、しかし、この共著ではたんに疎外の起源の問題に一定の解答があたえられただけではない。注目すべきことは、この共著で新たに「生産力」、「生産関係」、「交通」、「交通形態」等々の概念が導入され、唯物史観の輪郭が形成されたことによって、疎外概念そのものもいっそう具体的に規定されるようになったということである。

『ドイツ・イデオロギー』の著者たちによれば、歴史のどのような段階にあってもそのときどきに発展させられた生産諸力と交通諸形態とが見出されるのであるが、それらは現実的諸個人の基本的な生活諸条件を形成し、彼らの活動の構造を本質的に規定している。ところで、すでにみたように、従来の歴史においてはそれらの諸条件は、自然発生的に発展させられてきたために、諸個人から自立化し、諸個人がそれらを支配しコントロールするのではなく、逆にそれらの諸条件が諸個人を支配し圧倒してきた。このことは、まえに引用したパラグラフにも描き出されていたが、『ドイツ・イデオロギー』全体を通してくりかえし簡潔に叙述されている。ここでは、近代資本主義社会の発展とともにそれがどのような姿をとるにいたったかを述べたつぎのパラグラフを引用しておこう。

「それゆえ、ここに二つの事実が示される。第一に、生産諸力が諸個人から完全に自立し、切り離されたもの、諸個人とならぶ一つの独自の世界として現れる。このことは、諸個人——彼らの諸力が生産諸力である——が分裂し、相互に対立し合って生存していること、しかし他方、これらの諸力はこれらの諸個人の交通と連関においてのみ現実的な諸力であるということにその根拠をもっている。それゆえ、一方の側には生産諸力の総体、それはいわば物的な形態をとっていて、諸個人自身にとって、もはや諸個人の諸力ではなく、私有財産の諸力であり、したがって諸個人が私的所有者であるかぎりでの諸個人の諸力であるにすぎない。……他方の側には、これらの生産諸力にたいして大多数の諸個人が対立しているが、これらの諸個人からこれらの諸力が引き離され、それゆえ彼らは、すべての現実的な生活内容

を奪われ、抽象的な諸個人になってしまっている……」（新MEGAテスト版、S. 20. 廣松版、一三八ページ）

ここには、『ドイツ・イデオロギー』で諸個人の現実的生活の諸条件がよりいっそう具体的に把握されたことによって、『経済学・哲学草稿』当時の疎外概念がいかに発展させられたかが疑問の余地なく明瞭に示されている。だが、この共著においてさらに注目すべきは、このような主客転倒の状態が、人間生活にどのような結果をひき起こさざるをえないかについての考察である。

「……歴史的発展の経過において、そしてまさに分業の内部における社会的諸関係の不可避的な自立化によって、各個人の生活に一つの区別が現れてくる。すなわちそれは、個人の人格的であるかぎりの生活と、労働のなんらかの部門およびそれに属する諸条件に包摂されているかぎりでの生活との区別である。……階級的個人にたいする人格的個人の区別、個人にとっての生活諸条件の偶然性はそれ自体ブルジョアジーの産物である階級の出現とともにはじめて現れてくる。」（新MEGAテスト版、S.99. 廣松版、一二〇ページ）

「個人の人格的であるかぎりでの生活」とは、その生活が「自己活動」、自由意志的活動であるような生活であり、そして「労働のなんらかの部門およびそれに属する諸条件に包摂されているかぎりでの生活」とは、「自己活動」、自由意志的活動という体裁をまったく失ってしまっているような生活のことである。この点に着目すれば、ここで強調されている区別、すなわち人格的個人と階級的あるいは偶然的個人との区別の重要性はおのずから明らかであろう。『経済学・哲学草稿』においてマルクスは、疎外された労働が結局のところ人間から彼の「人間的本質」を疎外するという点に真の問題をみていた。『ドイツ・イデオロギー』の著者たちはこの思想をさらに発展させ、諸個人の基本的な生活諸条件の自立化、それによる諸個人の内部における人格的個人と階級的あるいは偶然的個人との分裂、後者による前者すなわち人格的個人の圧倒、さらに圧殺という悲惨な状態のうちに、時代の真の問題をみていたのである。

二　『ドイツ・イデオロギー』における疎外の止揚の概念

さて、以上で『ドイツ・イデオロギー』において疎外概念がいかに発展させられたかをみてきたのであるが、この概念の発展は、当然、疎外の止揚の概念にも発展をもたらさずにはおかない。そしてまさにこの後者の概念の発展において『ドイツ・イデオロギー』はきわめて重要な位置を占めていたのである。

よく知られているように、疎外の止揚にかんするマルクスの基本構想は、『ドイツ・イデオロギー』にいたるまでにすでに基本的には形成されていた。彼はすでに『ヘーゲル国法論批判』のなかで注目すべき着想を書き記しているが、それは「ユダヤ人問題によせて」のなかで発展させられ、つぎのように定式化されていた。

「あらゆる解放は、人間の世界を、諸関係を、人間そのものへ復帰させることである。……現実的な個体的人間が抽象的な公民を自己のうちに取り戻し、個体的人間としてその経験的な生活、その個体的労働、その個体的諸関係において類的存在になったとき、つまり人間が彼の『固有の力』を社会的な力として認識し組織し、それゆえ社会的な力をもはや政治的な力という形態で自己から切り離さないとき、そのときはじめて、人間的解放が完遂される。」

(MEW. Bd. 1, S. 355-356)

この箇所の重要性は多くの研究者によって指摘されているが、(例えば最近のものでは、平田清明『経済学と歴史認識』第四章参照)、ここで述べられている疎外の止揚＝人間的解放の構想は、その後経済学および共産主義諸思想の精力的な研究を媒介として、『経済学・哲学草稿』におけるマルクス独自の共産主義および社会主義の構想としていっそう発展させられ、そしてさらに『聖家族』においてその核心が明確に定式化されている。こうして、『ドイツ・イデオロギー』以前に疎外の止揚にかんするマルクスの基本構想が形成され、そしてその諸要素はその後のマルクスの諸著作のなかで生きつづけて行くのであるが、それにもかかわらず、この構想は全体としてまだいっそうの具体化を必要としていた。そしてこの必要がみたされ、この構想がいっそう発展させられ具体的に定式化されたのは、まさに『ドイツ・イデオロギー』においてであったのである。

前節で考察してきたように、この共著で強調されているのは、分業によって諸個人の交通諸形態と生産諸力とが彼らから自立化し、それらの生活諸条件を諸個人が支配しコントロールするのではなく、逆にそれらの諸条件が諸個人を支配しているという状態であり、そしてその結果として人格的個人と偶然的あるいは階級的個人との分裂が生じ、後者によって前者が圧倒されるという状態である。この疎外を止揚するということは、当然、なによりもまず分業を廃止し、諸個人が自らの生活諸条件を支配しコントロールすること、そしてそれによって諸個人の生活の内部における分裂を克服することでなければならない。このことは、『ドイツ・イデオロギー』のなかでくりかえし強調されている。

「分業による人格的な諸力(諸関係)の物的な諸力への転化は、それについての一般的な表象を頭のなかから追い出すことのみによってではなく、ただ諸個人がそれらの物的な諸力を再び自己のもとに包摂し、分業を止揚することによってのみ、再び止揚されうる。このことは、共同社会なしには可能ではない。共同社会においてはじめて、各個人にとって、自己の素質をあらゆる側面にわたって形成する手段が現存する。それゆえ共同社会においてはじめて人格的自由が可能になる。……現実的な共同社会においては、諸個人は彼らの連合におい て、また連合によって、同時に彼らの自由に到達する。」(新MEGAテスト版、S.98-99。廣松版、一二〇ページ)

『ドイツ・イデオロギー』における疎外の止揚の構想の基本的な諸要素はすでにここに述べられているといってもよいであろう。このパラグラフから知られるように、疎外の止揚とは、従来の交通諸形態を廃止し、新たに諸個人の自由な連合に基づく共同社会をつくり出し、それによって自らの疎外された諸力を再び諸個人のコントロール下に置くということであり、そしてそれによって諸個人の全面的な発達と人格的な自由の獲得とを可能にさせるということである。したがって、要するに、それは、諸個人の全面的発達と人格的自由とをめざす自主管理社会を実現することだといってもよいであろう。この点をよりいっそうはっきりさせるために、つぎのパラグラフを引用しておきたい。

「共産主義がこれまでのあらゆる運動から区別されるのは、それが、これまでのすべての生産諸関係および交通諸関係の基礎をくつがえし、そしてあらゆる自然発生的諸前提を、はじめて意識的に、これまでの人間たちの被造物として扱い、それらの自然発生性をはぎとり、連合した諸個人の力に服せしめるということによってである。それゆえ、その制度は、本質的に経済的であり、この結合の諸条件の物質的創出である。共産主義は、現存する諸条件をその結合の諸条件にする。共産主義がつくり出す存立体は、まさに、諸個人から自立したあらゆる存立体を――この存立体が、それにもかかわらず、諸個人自身のこれまでの交通の産物にほかならないかぎり――不可能にするための現実的な土台なのである。」（新MEGAテスト版、S.103。廣松版、一二六ページ）

このパラグラフがさらにはっきりと示しているように、疎外の止揚の運動としての共産主義がつくり出すのは、すなわちその運動の究極の目標は、社会の発展から自然発生性をはぎとり、これまで諸個人から疎外されていた彼らの生活諸条件を「結合した諸個人の力に服せしめること」である。つまり、自己自身の諸関係および諸力の諸個人自身による支配、すなわち、自主管理を実現することなのである。この場合にはじめて、自己〈自主〉活動が可能になり、諸個人の人格的自由と彼らの全面的な発達とが可能になるであろう。これが『ドイツ・イデオロギー』の著者たちの希望であった。そして、この希望が「ユダヤ人問題によせて」の人間的解放の理想の延長線上にあることは明らかであるが、同時に注意すべきは、この希望がマルクスの『資本論』その他の後期の諸著作において、またエンゲルスの晩年の諸著作においても、発展させられこそすれ放棄されることなく、保持されていたということである。

では、この希望は誰によって、いかなる前提のもとに実現されうるのか。

この最初の問いに対して、マルクスはすでに「ヘーゲル法哲学批判　序説」のなかで「プロレタリアート」という解答を見出していた。この論文のなかで彼は、「人間が人間にとって最高の存在である」という宗教批判の人間中心主義的な結論を受容し、さらにそれを発展させて、「人間が貶められ、隷属させられ、見捨てられ、蔑視された存在になっているようなあらゆる諸関係をくつがえせ」という「定言命令」を提起し、そしてそれを実現する主体として、「人間の完全な喪失であり、それゆえただ人間の完全な再獲得によってのみ自己自身を獲得することができる一領域」を見出したのであった。この人問的解放の欲求と能力とをもっていると想定される「プロレタリアート」、労働者階級にかんするテーゼは、その後マルクスの社会科学的認識の深化、発展とともに『経済学・哲学草稿』、『聖家族』において発展させられ、後者のなかではつぎのように定式化されている。

「有産階級とプロレタリアートの階級は、同一の人間的自己疎外をあらわしている。だが最初の階級はこの自己疎外において快適であり、確証されていると感じ、この疎外を自己自身の力として知り、またこの疎外のうちに人間的生存の外見をもっている。第二の階級はこの疎外において無化されていると感じ、この疎外のうちに自己の無力と非人間的生存の現実性をみている。この階級は、ヘーゲルの表現を使うならば、永罰のうちにおける永罰にたいする反逆であり、この階級の人間的本性と、この本性のあからさまな、断固とした、全面的な否認であるその生活状況との矛盾によって必然的に駆り立てられる反逆なのである。」

(MEW. Bd. 2, S. 37)

このプロレタリアートの反逆の必然性についてマルクスはさらに詳しくつぎのように説明している。

「一切の人間性の捨象が、人間性の外見の捨象さえもが、形成されたプロレタリアートにおいて実践的に完成させられているがゆえに、プロレタリアートの生活諸条件において今日の社会のいっさいの生活諸条件がそのもっとも非人間的な頂点において総括されているがゆえに、人間がプロレタリアートにおいて自己自身を喪失し、だが同時にこの喪失の理論的意識をかちえているだけではなく、また、もはやしりぞけようのない、もはや言い飾りようのない、絶対に有無をいわせぬ窮乏〔Not〕――必然性〔Notwendigkeit〕の実践的表現――によって、この非人間性にたいする反逆へと追い込まれているがゆえに、それゆえにプロレタリアートは自己自身を解放することができるし、また解放せざるをえない。それは、自己の状況において総括されている今日のいっさいの非人間的な生活諸条件を止揚することなしには、自己自身の生活諸条件を止揚することができない。」(Ebenda., S. 38)

このパラグラフは、疎外論超克説の信奉者たちが押し進めてきたし、また現在もそうしているマルクス主義の実証主義化がいかに間違っているか、そして「人間性」にかんするマルクスの理論がいかに彼の全革命思想の不可欠の前提をなしているか、を争う余地のない仕方で示している。だが、ここでマルクスの人間学的理念に立入る必要はないであろう。さしあたって重要なことは、以上のような『聖家族』にいたるまでの革命の主体にかんするマルクスの思想が、『ドイツ・イデオロギー』においても維持されているということ、したがって、この共著にはマルクス主義の実証主義化に努めている研究者たちには解釈不可能な文章が多数存在するということである。たとえばその第一章にはつぎのように書かれている。

「……プロレタリアたちの場合には、彼らの生活条件、すなわち労働、またそれとともに今日の社会の生存諸条件全体が、彼らにとって偶然的なものになってしまっていて、それにたいして個々のプロレタリアはいかなるコントロール力も持つことができず、またそれにたいして、彼らにいかなる社会組織もコントロール力をあたえることができない、そして、個々のプロレタリアの人格と彼らに押しつけられている生活条件、すなわち労働との矛盾が、彼自身にとってはっきりと現れている……プロレタリアたちは、人格的に力を発揮するためには、彼ら自身のこれまでの生存条件——それは同時にこれまでの社会全体の生存条件でもあるが——を、すなわち労働を止揚しなければならない……」（新MEGAテスト版、S.100。廣松版、一二二、一二四ページ）

これが、「ヘーゲル法哲学批判　序説」以来のマルクスの思想を発展させたものであることは明らかであるが、しかし、『ドイツ・イデオロギー』では、たんにこの思想がくりかえし強調されているだけでなく、さらに新たな思想もつけ加えられている。つまり、マルクスの初期の疎外の止揚の構想がいっそうふくらまされているのである。つぎのパラグラフは、この共著において初期マルクスの疎外の止揚の構想がいかに保有されているか、そしてそれのみならず——言葉の真の意味で、すなわち新しいものがつけ加えられているという意味で——発展させられているか、を十分に例証している。

「それゆえ〔疎外の結果として〕、今や諸個人は現存する生産諸力の総体を、たんに彼らの自己活動に到達するためだけではなく、そもそも彼らの生存を確保するためにすら、領有しなければならないところにまで立ちいたっている。この領有は、まず第一に領有されるべき対象によって——すなわち、一総体にまで発展させられた、そしてただ普遍的な交通の内部でのみ現有する生産諸力によって、条件づけられている。それゆえ、この領有は、すでにこのような側面からも、そういう生産諸力および交通に照応する普遍的な性格をもたなければならない。さらに、これらの諸力の領有は、それ自身、物質的生産諸用具に照応する諸能力の発展にほかならない。／……ついで、この領有は、領有する諸個人によって条件づけられている。あらゆる自己活動から完全に排除されている現在のプロレタリアたちだけが、彼らの完全な、もはや局限されていない自己活動——それは、生産諸力の一総体の領有、そしてそれとともに定立される諸能力の一総体の発展に存する——を貫徹することができるのである。／ついで、この領有は、それが遂行される仕方によって条件づけられている。それは、プロレタリアート自身の性格によって再び普遍的なものであらざるをえない結合と革命とによってのみ遂行されうるのであるが、この革命において、一方ではこれまでの生産様式ならびに交通様式およびこれまでの社会的編成の力がくつがえされ、そして他方ではプロレタリアートの普遍的な性格および領有の貫徹に必要なエネルギーが発展し、ついでプロレタリアートは、そのこれまでの社会的地位からそれにまだ残されていたあらゆるものを一掃する。」（新MEGAテスト版、S.111-12。廣松版、一四〇—一四二ページ）

ここには『ドイツ・イデオロギー』において従来の初期マルクスの疎外の止揚の思想にどのような新しいものがつけ加えられたかがよく示されている。「あらゆる自己活動から完全に排除されている現在のプロレタリアたち」が疎外された生産諸力の領有の主体になりうるという思想は、『独仏年誌』の論文以来の思想が発展させられたものであるが、ここではさらに疎外の止揚の前提として、「一総体にまで発展させられた、そしてただ普遍的な交通の内部でのみ現存する生産諸力」がつけ加えられ、強調されている。この点がはじめて明示的に主張され、そして詳論されたのはこの共著においてである。この点と関連して強調されている領有の「普遍的な性格」、さらにそれにふさわしい「諸個人の諸能力の発展」の意義の強調についても、同様である。これらの諸思想がその後マルクスとエンゲルスによってどのように発展させられて行ったかは、『経済学批判要綱』、『資本論』、『フランスの内乱』などの後期のマルクスの諸著作や『反デューリング論』などの後期のエンゲルスの諸著作の読者にはいうまでもないことであろう。

ところで、このパラグラフで挙げられている諸前提がととのえば、すなわち、生産諸力が普遍的に発展し、他方、「あらゆる自己活動から完全に排除されているプロレタリアたち」が大量に出現してくれば、そのとき諸個人による現存する生産諸力の総体の領有が可能になる。この可能性は、プロレタリアートの普遍的な結合〔団結〕と革命とによってのみはじめて現実性に転化するであろう。まえのパラグラフにつづけて『ドイツ・イデオロギー』にはつぎのように書かれている。

「この段階ではじめて、自己活動が物質的生活と合致するのであるが、それは、諸個人の総体的諸個人への発展およびあらゆる自然発生性の一掃に照応している。そしてこのとき、労働の自己活動への転化と、これまでの制約された交通の諸個人そのものの交通への転化とが相照応する。結合した諸個人による総体的な生産諸力の領有とともに、私有財産は廃棄される。」（新MEGAテスト版、S.112。廣松版、一四二ページ）

これは、前節で考察した『ドイツ・イデオロギー』における疎外概念からの当然の帰結である。ここに明瞭に述べられているように、従来の交通を廃棄し、諸個人そのものの交通を確立し、このようにして結合した諸個人が総体的な生産諸力を領有すること、そしてそれとともに私有財産を廃絶すること、これが疎外の止揚の決定的条件である。『ドイツ・イデオロギー』のその他の箇所で強調されているように、諸個人の諸個人としての結合は自由でなければならない。そしてまた、生産諸力の発展の自然発生性は、目的意識性、計画性にとってかわられなければならない（例えば、新MEGA版、S.105）。したがって、疎外の止揚の決定的条件とは、一言でいえば、「自由に結合した諸個人の全体計画」に彼らの生産諸力の発展をしたがわせることである。このときはじめて疎外の止揚の究極目的、すなわち諸個人の物質的生活に合致した諸個人の自己活動が確立されるであろう。こうして『ドイツ・イデオロギー』において、疎外の止揚の諸前提、その決定的条件が、そしてそれとともにその究極目標も、はじめて明瞭に定式化されたのである。

おわりに

これまでの短い考察からつぎのような結論を導き出すことができるであろう。すなわち、疎外論超克説の信奉者たちが主張している「『ドイツ・イデオロギー』における疎外論の超克」という仮説は、この共著にたいする誤解に基づく根本的に間違った見解にほかならない。実際には、この共著において初期のマルクスの疎外論がたんに保存されているだけではなく、さらに文字通り発展させられた。つまり、そこで初期のマルクスの疎外概念がいっそう具体的かつ明確に定式化されただけでなく、疎外の起源、基礎および疎外の止揚の実践的前提にかんする新たな洞察が、そしてまたその止揚の運動の究極目標にかんする新たな思想が、つけ加えられたのである。この結論は、『ドイツ・イデオロギー』の著者たちの根本的関心事が疎外の問題にあったことを示しているが、この点を見失うことは、この共著で達成されたその他の諸業績の真の意味の理解可能性を放棄するに等しいといわなければならないであろう。

最後に、ここでは周知の文献字上の理由からもっぱら『ドイツ・イデオロギー』第一巻第一章のみから引用したが、この共著のその他の諸章にも、以上の結論と論理的に矛盾する文章は見出されず、むしろ逆にこの結論を積極的に裏づけるような諸文章が多数見出されることをつけ加えておきたい。

マルクスの疎外論と『資本論』

はじめに

二〇〇一年五月五日は二一世紀最初のマルクスの誕生日であったが、ちょうどこの日に今村仁司編『マルクス』(作品社)が発行されたことになっている。マルクスをめぐる今日の状況のなかでその二一世紀最初の誕生日を祝って彼のための本を出すなどということは、何よりも先ず、その志の高さのゆえに誉め称えられて然るべきであるようにみえる。しかし、問題は、その志の高さがただちにその内実のレヴェルの高さを保証するわけではないということである。多少とも立ち入って検討してみるならば、この本のマルクス解釈の基本的な構想には本質的な問題が含まれていることがわかってくる。それは、何よりもまず、この本の編者の今村仁司が、マルクス解釈上の最重要論点の一つになってきた「疎外」について述べている箇所に典型的に表現されている。彼は次のように書いている。

「疎外は元来はヘーゲルの用語であり、ヘーゲルでは疎外と外化はほぼ同義である。たとえば、人間の意識は外部に向かって働き（外化）、そしてまた自己に帰る。しかし、意識が外部に固定したり、行為が外部の物に定着して元に戻らず、他者のものになってしまう局面をとくに表現するときには、疎外と呼ばれる。正常な行為では外化し、自己に戻るのだが、特定の条件の下では外化が疎外に転化することがある。マルクスは疎外の源泉を社会関係、とくに近代の所有体制のなかに見る。初期マルクスは疎外の克服を、意識的行為においてではなく、社会関係の変革に求める。ここからいわゆる疎外論的革命論が展開される。しかし、疎外概念は、社会関係の分析が深まるにつれて、とくに『資本論』では物象化概念に置き換えられるようになる。」（同前、p七四―五）

『マルクス』が出版されてからすでに三年が経過したが、これまでのところ、私が書いてきたものを除けば、この今村の議論について批判的に言及した文章が書かれてきてはいないようである。この今村の議論はきわめて短いものであるが、しかしここには、この二一世紀の初めにおいてもなおマルクスの疎外論についての理解が、さらにひいてはマルクスの思想そのものの理解が、どれほど惨憺たる状態にあるかということが簡潔明瞭に示されている。そこで、以下、この「疎外」について今村の文章をいくつかの論点にそくして簡単に検討しておきたいと思う。

一　ヘーゲルとマルクスの疎外概念

そもそも「疎外」が哲学用語として市民権を獲得したのはきわめて新しく、哲学事典の重要項目として取り上げられるようになったのはようやく一九六〇－七〇年代になってからであった。まだ歴史が短いということもあってこの概念についての解説は辞典によってかなりの相違があるが、ともかくもそれ以来、「疎外」もマルクスの思想における基本的な概念の一つとして広く認められてきた。そして、今村も、「疎外」を「キーワード」の一つとして取り上げているので、一見しただけでは、哲学辞典などに定着させられている傾向には逆らわずに「疎外」をマルクスの最重要概念の一つとして認めているかのようにみえる。しかしながら、彼は、「疎外」が『資本論』のマルクスのところでは超克されてしまっていて、もはやキーワードではなくなってしまったと主張している。つまり、マルクスにおける「疎外」を尊重しているようにみえるが、それが見掛けだけのことで、成熟したマルクスの思想の概念としてはもはや少しも尊重する必要がないと断言しているのである。これは、信じられないような話であるが、今村が始まったばかりの新しい世紀の初頭においてもなお、とっくの昔に死に絶えていて然るべきであったマルクス解釈上のスターリン主義的神話の一つとみなされるべきマルクス疎外論超克説に固執し、それを生き延びさせようと努めていることを示している。この態度は、たんなる宗教的幻想の表明にすぎない『創世記』を信じて生物進化の事実を否認している狂信的な宗教信者などを思い起こさせるものであるが、はたして彼の健気な努力は効を奏しているのであろうか。

先ず最初に注目すべきは、「マルクス思想のキーワード」としての「疎外」の説明をすべきところで今村が、最初からヘーゲルにおける「疎外」と「外化」についての説明にかなり字数を使っていることである。ごく小さい文章群の半分以上がそれで費やされている。したがって、この説明をヘーゲルやマルクスにあまり馴染んでいない読者が読めば、マルクスもまたヘーゲルと同じように考えていたのではないか思い込まされてしまわざるをえないようになっている。これは、著者の今村が、「疎外」という文字を見ると条件反射的にヘーゲルを思い出し、マルクスの疎外概念の特殊性を完全に把握し損なったフランスのルイ・アルチュセールに心酔し、この出来の悪いマルクス研究者にしたがっていることの結果だとみなしてもよいであろう。つまり、この師にならってマルクスの疎外論をできるだけヘーゲルの疎外論に引き寄せ、それが克服されて然るべきものであったことを印象づけておこうというわけである。こうした詐欺的なやり方は、マルクスの疎外論が彼の先行哲学者たちの影響下にあった時期の産物にほかならないというスターリン主義的神話の信奉者たちによって執拗に繰り返されてきたものである。まさにそうした手法が二一世紀の初めになっても克服されずに生き延びてきていることを今村は例証しているのである。

その解説の冒頭で今村はヘーゲルでは「疎外」と「外化」の二つの用語がほぼ同義で使われていたと述べた後でただちに、「人間の意識が外部に向かって働く」ことが「外化」であって、「意識が外部に固定したり、行為が外部の物に定着して元に戻らず、他者の物になってしまう局面」を特別に表現するときに「疎外」が使われるなどと書き、さらに丁寧にも「特定の条件の下では外化が疎外に転化することがある」などと付け加えている。これは、一見しただけでは、たしかに専門家による説明のようにみえる。だが、はたしてヘーゲルはそのような区別をしていたのであろうか。

今村は典拠を挙げているわけではないが、二つの用語が頻繁に使われている『精神現象学』にそくして検討してみるならば、さっそくその有名な「序文」のなかでヘーゲルが「経験」について、「無媒介のもの、まだ経験されていないものが他的存在になり、自分から疎遠になり、そしてこの疎外［Entfremdung］から、自分の方へと還帰する運動」のことであると語っていることがわかる（『精神の現象学』、金子武蔵訳、岩波書店、三四ページ。訳は原文にそくして多少変更）。

ここで語られているのはヘーゲルの大著の基本の思想であるが、注目すべきは「疎外から、自分の方へ還帰する運動」という語句であることはいうまでもない。今村はヘーゲルの「疎外」が意識や行為が「元に戻らず、他者のものになってしまう局面」を表すというところにその特徴があるとみなしていた。しかし、当のヘーゲルはそれとは反対のことを、つまり「疎外」についてまさに「自分の方へと還帰する」ことを特徴としていると書いていたのである。ここから導き出されうる結論がどのようなものであらざるをえないかは改めていうまでもないであろう。それは、ヘーゲルにおける「外化」についての、したがってまたこの「外化」と「疎外」との関係についての今村の説明がヘーゲル自身の主張と矛盾しているということであり、このような場合に誰もが認めざるをえないことであるが、その説明が間違っているということなのである。

しかし、今村の短い説明の欠陥は以上に止まってはいないのである。彼はマルクスのキーワードについて解説すべきところで、ヘーゲルの「外化」と「疎外」について間違ったことを書くのに字数を費やしながら、それらの用語についてのヘーゲルとマルクスの見解について語るならばどうしても避けて通ることができないよりいっそう重要な論点をまったく無視しているのである。

それは、ルカーチによって早くから強調されてきたことであるが、『経済学・哲学草稿』以後のマルクスが対象化と外化あるいは疎外とをきっぱりと区別していたのにたいして、この両者がヘーゲルのところでは区別されていなかったという問題である。マルクスは、一方では、ヘーゲルの思想には「批判のあらゆる契機が隠されている」（マルクス『経済学・哲学草稿』、岩波文庫、一九八ページ、MEGA. I－2, S 285）と高く評価していたが、しかし、他方では、ヘーゲルにあっては対象化と外化あるいは疎外とが未区別であったので、疎外の止揚が疎外された対象性、つまり対象の特定の性質の止揚ではなく、対象性そのものの止揚でなければならないということになり、結局のところ現実の疎外の方はそのまま肯定されることになり、現存の宗教、市民社会や国家が容認されることにならざるをえないことを批判していた。

マルクスの考えによれば、要するに、ヘーゲルは「いつわりの実証主義［der falsche Positivismus］あるいは見かけだけの批判主義［der scheinbare Kritizismus］」（同前、二二二ページ、S 299）に終わってしまったのであるが、そうならざるをえなかった最大の理由の一つは、疎外と対象化との未区別にあったのである。それに対してマルクス自身は対象化と疎外とを明確に区別していたので、両者を区別できずに未区別のままにしていたヘーゲルのように無批判的実証主義に陥ることがなく、資本主義社会批判をいっそう深めることができたのであり、また疎外の止揚についても一切の神秘化ぬきに首尾一貫して論ずることもできたのである。その結果としてマルクスがヘーゲルの限界を真に超えて「国民経済学的状態」、近代市民社会にたいするラディカルな批判を発展させ、この社会を超える共産主義の理想を発展させることができたことは改めて指摘するまでもないであろう。

両者の区別がこれほど重要であるとすれば、マルクスの疎外概念についてのどれほど短い説明であってもこの区別に必ず触れておかなければならないはずである。まして、ヘーゲルの疎外概念について多少は書くだけの余地があったとすれば、マルクスにおけるこの区別についてのそれなりの説明があって然るべきなのである。しかし、今村は間違った余計なことは書いていても、この肝心なことは完全に無視している。したがって、彼の書いた説明から人は、その著者がヘーゲルとマルクスの疎外概念の相違を、したがってまたマルクスの疎外概念をマルクスのものたらしめているその独自性も理解することができず、したがってまたこの概念が批判的概念として大いに有効性をもっていたことなどもまったく理解していないのではないかと疑ってみなければならないであろう。

二　『資本論』の疎外概念

マルクスの疎外概念についての今村の短い諸文章全体のなかでも看過されえないもっとも由々しい問題は、最後の一文に含まれている極め付きともいうべき主張である。もう一度引用しておくことにしよう。

「しかし疎外概念は、社会関係の分析が深まるにつれて、特に『資本論』では物象化概念に置き換えられるようになる。」

これは、初期マルクスの疎外論が後期マルクスによって放棄されたという疎外論超克説の一変種——すなわち疎外論が物象化論によって取って代わられたと主張してきた変種——の一つであるが、この新種の新しさは、そもそも物象化論的な変種も含めて疎外論超克説のほとんどすべてが、その転換点を『フォイエルバッハにかんするテーゼ』が書かれた一八四五年に求めてきたのにたいして、その転換点を二〇年以上も後の方に、つまり一八六七年に出版された『資本論』の時期にまでずらしたというところにある。

いったい何故このような操作がおこなわれるようになったのかは、よく知られているといってもよいであろうか。それは、一八四五年にマルクスによって放棄されたはずの疎外論がその後のマルクスの諸著作のなかに、とりわけ一八五七–八年に書かれた『経済学批判要綱』にも見出されることがはっきりさせられてきたからである。そしてこの事実は多くの研究者によって認められ、当然のことながら、それによって疎外論超克説が決定的に反証されたと多くの人々によって考えられてきた。しかし、この事実は受け入れながらも、つまり一八五〇年代後半のマルクスが疎外論を維持していたことを認めながらも、しかし疎外論超克説を放棄しないでも済むようにこの超克説を手直しした人々もいたのである。この手直しの一つが問題の超克の時期をずらす、それも大幅に二〇年以上も後にもって行くというものであった。そのもっとも極端な例が、ジョン・ルイスなどによって批判された後にアルチュセールによって提起された説で、彼はマルクスが「ヘーゲルの影響の痕跡」と、したがってまた初期の疎外論と最終的に訣別したのは『資本論』第一巻出版の時点よりももっと後の『ゴータ綱領批判』などが書かれた一八七〇年代であったと主張してきた。追い込まれてもなお何が何でもマルクスに疎外論を超克させ、スターリン主義的神話にほかならない疎外論超克説を生き延びさせようとした途方もない思いつきの一つであったが、これはもうとても正気の沙汰ではないとみなされてきたといってもよいであろう。ここで今村が採用しているのも基本的にはまさにこの路線であり、彼もまた何としてもマルクスに疎外論を超克させたいという思いに駆り立てられてその時点を後ろにずらしたのであるが、しかし、さすがにアルチュセールの正真正銘の法螺話には同意しかねたのであろうか、多少前方に戻して『資本論』ではすでに転換が成し遂げられているという説を主張しているのである。そこで彼は、従来の疎外論超克諸説やあのフランス人の説と自分のものを区別して、「社会関係の分析が深まるにつれて、特に『資本論』で」ということを強調した新変種を提案しているのであるが、そもそもこの話には少しでも真実が含まれているのであろうか。そして、この新説によって疎外論超克説は救済されたのであろうか。

今日では、『資本論』執筆直前までにマルクスが一八六〇年代前半に書いた経済学草稿に新MEGAやその翻訳（『資本論草稿集』2～9、大月書店）を通じて誰もが接近できるが、それらを読めば、彼が、『経済学批判要綱』や『経済学批判』などにおいて到達した商品、貨幣、さらに資本などの経済学的諸概念をさらにいっそう発展させるために非常に緊張した努力を続けていたということがわかる。したがって、ここまで来ると少し後の『資本論』にそのままストレートに連なって行くような諸思想が目立ってくるのであるが、さしあたって当面の私たちの関心事からみて注目すべきは、一八六〇年代前半においてもまたマルクスが疎外概念を頻繁に使用していたということであり、さらに「疎外」、「外化」などの用語さえもしばしば登場させていたということである。この事実を筆者はこれまでに何度も指摘してきたのであるが、この事実は、『資本論』に近づくにつれてマルクスが疎外概念を放棄したことが確かめられるかもしれないなどという希望が儚い夢でしかないことを示している。しかも、問題は、この概念がたまたま、あってもなくても構わないような些細な議論のなかで使われていたにすぎなかったのではなく、まさにマルクスが批判的に解明しようとしていた資本主義的生産様式の本質を批判的に特徴づけなければならないようなところできわめて重要な不可欠の概念として使われているということである。したがって、ここから導かれうる結論ははっきりしているのであって、要するに、『経済学批判要綱』以後さらに「社会関係の分析が深まるにつれて」マルクスが疎外論を超克するにいたったなどという今村の主張は、何の根拠もないたんなる間違いあるいは嘘偽りでしかないということなのである。

こうなると誰であれ、「とくに『資本論』では」という話もまったくの間違いあるいは真っ赤な嘘偽りでしかないのではないかと推理してみざるをえないであろう。だが、しかし世のなかにはときどき土壇場での大逆転ということもないわけではない。ひょっとしたら『資本論』でも大逆転が起きて、マルクス疎外論超克論説の信奉者たちの夢が実現されるということになっているのではないであろうか。まさにそのような大逆転を、「特に『資本論』では」などと書いたときに今村が夢見ていたことは間違いないであろう。しかし、はたして彼が見た夢は正夢であったのか。

残念ながらそのような僥倖が期待できないことは、『資本論』直前までのマルクスの草稿から十分に予想できることであるが、実際に、彼の夢は正夢ではなく逆夢にほかならなかったのである。一八六七年に出版された『資本論』第一巻では、実際に「疎外」という用語が使われているだけではなく、疎外概念ということになれば、特に肝心要の資本主義的生産様式の本質を論ずるさいには、頻繁に使われていたといっても過言ではないのである。したがって、私たちは『資本論』のいたるところから疎外概念の使用例を示すことができるのであるが、ここではそれらのうちから必要最小限のものを引用するに止めておかなければならない。
マルクスが『資本論』においても彼の初期以来の疎外論を維持し発展させていたことがはっきりとわかりやすく示されているのは、彼が商品と貨幣について論じた後にいよいよ本格的に資本の理論を展開する手前のところで労働過程について分析している箇所においてである。そこで彼は資本主義段階における労働過程の特殊性について次のように規定している。

「労働過程は、資本家による労働力の消費過程としておこなわれるものとしては、二つの特有な現象を示す。／労働者は資本家のコントロールのもとに労働し、彼の労働はこの資本家に属している。……また、第二に、生産物は資本家の所有物であって、直接的生産者、労働者のものではない。……商品の買い手にはその商品の使用が属する。」（『資本論』1、大月書店全集23、p.二四三、MEW. Bd. 23, S. 200）

ここでマルクスは、資本主義的生産においては労働過程が、商品としての労働力の買い手である資本家による労働力の消費過程にほかならないと特徴づけたあとで、そこでは労働者の労働活動が資本家のものになっていて彼自身のものではなくなっていること、そしてまたその活動の産物が同様に資本家のものになっていて彼のものではなくなっていることを、特有な現象として指摘している。労働者にとって彼の労働も、またその産物も彼のものではなく他人のもの、疎遠なものになっているというわけであるが、ここで指摘されている二つの特徴が、かつて『経済学・哲学草稿』で疎外された労働の本格的な分析を初めて展開したときにマルクスが、この労働の二つの特徴としてあげていたのと基本的にはまったく同じものであることは明らかであろう。たしかにここでマルクスは、かつてのように続けてこの疎外された労働の意味を論じているわけではないが、しかし、資本主義社会において労働者のところでどのようなことが起きているのかということでは同一の思想を表明しているのであり、したがって、ここから、論理的に考えることができるものであれば誰であれ、資本主義的生産においては労働者の労働が疎外されているということを主張する点で『経済学・哲学草稿』や『経済学批判要綱』などと『資本論』とのあいだには明確な連続性が存在したという結論を導き出さなければならないのである。

こうした連続性はその他のさまざまな箇所で繰り返し表明されているのであるが、ここでは、それらのうちからもっとも明確な例になるものをもう一つだけ引用しておくことにしよう。『資本論』でも強調されているように、ここで引用した文章中に登場させられている資本家とは人格化された資本にほかならず、また資本とは対象化された過去の労働、過去の労働の産物にほかならない。したがって、労働者が資本家によって支配されるということは労働者が対象化された過去の労働の産物によって支配されることにほかならない。そこで、マルクスは資本主義的蓄積について一般的に論じている章の最後のところで資本主義的生産をつぎのように特徴づけている。

「人間が宗教において彼自身の頭の造り物によって支配されるように、彼は資本主義的生産においては彼自身の手の造り物によって支配される。」(同前、八一一ページ、S. 649)

『資本論』においても疎外論が維持されていたことが、前の例だけでは必ずしも納得できなかったものも、この文章を読めば疑いの余地がないことがよくわかるのではないであろうか。何よりも先ず、ここでマルクスが宗教的疎外を思い起こさせながら主張していることが、資本主義的生産においては労働が疎外されているということにほかならないことは、あまりにも明瞭である。そしてまた、同様に明らかなことは、彼が宗教の本質を人間の内面の意識における疎外によって特徴づけているように、まさに資本主義的生産様式の本質をこの労働の疎外によって特徴づけているということであろう。したがって、マルクス自身が設定していた『資本論』のテーマがこの生産資本主義的様式の研究であったことを思い起こしてみるまでもなく、ここからどのような結論を導き出さなければならないかはあまりにも明瞭である。改めていうまでもなく、この文章も、マルクスが『経済学・哲学草稿』以来の疎外された労働の概念を『資本論』においても維持していたということを、そしてまたこの概念こそが『資本論』のキーコンセプトそのものであったということを示しているということである。

マルクスが『資本論』においてもかつての『経済学・哲学草稿』の時期以来の労働疎外の概念を維持していたということを、また、彼がかつてと同様にこの概念を彼の関心の中心に据えていたということも確認してきたのであるが、しかしこれまで見てきたのはあらゆる資本主義的生産に共通して見出される労働疎外の一般的概念であった。注意すべきは、マルクスが『資本論』のなかで資本主義的生産の歴史的発展を論じていたところではいつでもこの労働疎外の形態がどのように変化してきたかを問題にしていたということである。彼がとりわけ強調していたのは、産業革命とともに労働手段が機械に転化したことによって労働疎外において生じた変化であり、その程度の著しい増大であった。一例を挙げておくならば、「疎外された」という用語も導入しながらこの変化を彼は次のように論じていた。

「資本主義的生産様式が一般的に労働者に対立させて労働諸条件および労働諸生産物にあたえる自立化された、そして疎外された形態［die versebstä ndigte und entfremdete

Gestalt〕は、機械とともに完全な対立にまで発展させせられる。」(同前、五六四ページ、S. 455)

資本主義的生産への機械の導入とともに労働疎外の程度が真に甚だしいものになり、労働疎外の概念が明瞭なリアリティーを獲得するようになるというわけであるが、まさにこのような箇所に『資本論』においてもマルクスがたんに一般的に労働疎外に関心をもっていただけではなく、この疎外の歴史的変化に関心を向けていて、労働者の状態がどのように変わり、それとともに疎外の克服の条件がどのよう形成されてきているかを考えていたことが示されている。

おそらくこうしたことからも改めて教えられるのは、マルクスの根本関心事は一貫していて、彼の経済学的諸概念は結局のところ労働疎外がどのようにして生じ、どのようにして発展させられてきたのか、その克服のための諸条件がどのようにして産み出されてきているのか、を明らかにするための手段として発展させられたのではないかということである。マルクスの思想形成過程を顧みてみるならば、彼のいわゆる史的唯物論が自己目的としてではなく労働疎外の起源と疎外の止揚の諸条件を明らかにするための手段として開発され発展させられたとみなすべきであるということがわかるが、同様に彼の剰余価値の概念をはじめとする経済学的諸概念もまた疎外論にたいして手段として位置づけられなければならないのである。

三　疎外と物象化

これまでのところから私たちがどのような結論に到達しているかはもはや改めて書き記すまでもないが、マルクスの疎外論が「社会関係の分析が深まるにつれて、特に『資本論』では物象化概念に置き換えられるようになる」という今村の夢はまったくの逆夢でしかなかったのである。彼が夢見た逆転などは起こらずに、マルクスのライフワークにおいても彼の初期の疎外論が維持され発展させられていて、資本主義的生産様式の本質を批判的に特徴づける最重要概念として使われていたのである。したがって、今村にとって実際の『資本論』はまさに悪夢そのものにほかならないということにならざるをえないのであるが、それにしても、ここで引用したような文章はマルクス研究者であれば誰であれ、したがってまた疎外論超克論者たちも、読んだことがあったはずなのである。そしてその通りであるとすれば、本来ならば、まさにそれらの文章に初期マルクスの疎外論が再現されていることに気づかざるをえなかったはずである。それでは一体何故今村も含む彼らはまっ赤な嘘偽りでしかないようなあれほど間違った説を信ずることができたのであろうか。彼らもまた、悪しきイデオロギーに呪縛されれば見えるものまで見えなくなってしまうということの例証を提供していることだけは間違いないであろう。

今村の夢想に反して、マルクスは『資本論』においても彼の疎外論を放棄するどころか、それを維持し発展させていた。したがって、マルクスが『資本論』で疎外論にかわって「物象化論」なるものを採用するにいたったという主張も間違いであることがはっきりしているので、わざわざそれについて論ずる必要もないということになるであろう。もしも課題がマルクス疎外論超克説を論駁することであったとすれば、たしかにその通りなのであるが、しかしこの疎外論に代わる物象化論の採用という話は疎外論超克論の信奉者たちのところではかなりひろく信じられてきただけではなく、彼ら以外のところでもそれなりの価値がある議論が含まれているのではないかという印象がもたれてきた。そこで、この問題にまったく触れずに済ますわけにはいかないので、最後に簡単に後期マルクスの物象化概念について検討しておくことにしたい。本当にこの概念は疎外論に取って代わることができるような種類の概念であったのであろうか。私たちの考えでは、幸いなことにマルクスの後期の諸著作からただ一つの例を挙げるだけでこの問いに答えることができるのである。

そもそもこの物象化の概念も「物象化」という用語もマルクスのところでは早くから登場させられていたが、後期の経済学的諸著作ではさらに頻繁に使われているといってもよいであろう。そのような使用例は、先ずは資本主義的生産様式における労働者と生産諸手段との関係についての批判的な検討に見出されるのであるが、次のような箇所はその典型的なものである。

「[資本主義的生産様式においては]労働者が生産諸手段を使用するのではなく、生産諸手段が労働者を使用する、そして、そのことによって生産諸手段は資本なのである。資本が労働を使用するのである。……労働者が生産諸手段にとっての手段なのである……すでにこの関係はその単純性において一つの転倒、すなわち物象[Sache]の人格化[Personnificirung]であり人格[Person]の物象化[Versachlichung]である。何故なら、この形態を以前のすべての形態から区別するのは、資本家がなんらかの人格的資格で労働者を支配することではなく、彼が『資本』であるかぎりにおいてのみ、そのように支配するということだからである。資本家の支配は生きた労働にたいする対象化された労働の支配にほかならず、労働者そのものにたいする労働者の生産物の支配にほかならないのである。」(前掲『資本論草稿集』9、四一一―二ページ、MEGA II―3. 6, S. 2161)

ここからマルクスが「物象化」のもとにどのようなことを考えていたかがよくわかる。先ず「物象」であるが、この言葉が労働者と生産諸手段との関係において使われていることから知られるように、その意味が「人格」の対概念で、意志をもたず手段として使用される物件としての物という意味であることは明らかである。したがって、肝心の人格の「物象化」とは、人格としての人間がそのような物に、彼自身の意志をもたず手段として使用される物件としての物に転化する、したがって、もはや人格としてではなくあたかも物件であるかのようにふるまわざるをえなくなるということを意味するとみなすことができるであろう。このように人格が「物象化」されるということはまた当然、それを媒介として物が商品、貨幣、資本になるところの社会的諸関係の人格的関係も「物象化」されるということである。そこでマルクスは、そうした関係を表すために「社会的関連の物象化（Versachlichung des gesellschaftlichen Zusammenhangs)」、「諸人格相互の物象化された関係（versachlichtes Verhältnis der Personen untereinander)」などという用語を使っている（『資本論草稿集』1、四二ページ、MEGA. II－1－1, S. 93)。これらの用語からさらによく理解されうるように、マルクスの「物象化」は、それ以前の諸時代と異なる資本主義の時代の社会における人間と彼らの諸関係の著しい特徴をはっきりさせるための不可欠な概念として発展させられたものであった。

マルクスにおいて「物象化」がどれほど重要な概念であったかは、そしてこの概念が「経済的社会構成体の発展を自然史的過程として把握する」（『資本論』第一版序文）という歴史発展についてのマルクスの観点を構成するキーコンセプトの一つとして位置づけられうるものであったことも、異論の余地がないであろう。しかも、ここで引用した文章で描き出されているように、生産諸手段のような物象が人格化され、労働者の人格が物象化されるということは、労働者の人格としてのふるまいが否定されることであるが、一個の人格としてふるまいうるということが人間の尊厳の最小限の条件であるとすれば、物象化は労働者の人間としての尊厳も奪うことを意味することになる。したがって、労働者が人間としての尊厳を獲得するためには物象化を否定しなければならず、物象化が引き起こされる諸条件を除去しなければならないということになる。マルクスの「物象化」は、彼の「疎外」その他の諸概念と同様に、たんなる記述的概念ではなく、対象が否定的なものであることを明確にする機能もはたす批判的概念であったのである。

まさにこのような批判的機能をマルクスの「物象化」がもっていたことを、マルクスが疎外論のかわりに物象化論を採用するにいたったと説いてきた物象化論者たちはほとんどまったく無視してきたといってもよいであろう。マルクスに疎外論を超克させようと懸命に努力してきた彼らは、ここでもまたマルクスを、もっぱら記述的諸概念を操ることに関心をもっていた実証主義的な社会科学者であったかのように貶めてきたのである。彼らのお陰でマルクスがどれほど歪められ瘦せ細らされてきたことであろうか。まことにその罪の大きさは計り知れないといってもよいであろう。

しかし、さしあたってよりいっそう大事なことは、ここで引用した文章から特別によく理解されうるように、マルクスにとって、たしかに一度成立すれば両者が相互作用の関係になるとしても、「物象化」はまさに、対象化された労働の生きた労働に対する支配、つまりは労働の疎外の結果にほかならなかったということである。つまり、マルクス自身の「物象化」は疎外論の土台のうえで初めて理解されうる種類の概念であったのである。したがって、マルクスの「物象化」にそくして考えるならば、それがマルクスの思想発展のある時期に、たとえば『資本論』の執筆時に、彼の疎外論に取って代わったなどという話はまったく成立しえないのであり、もっと率直にいうならば、まったくのナンセンスにほかならないのである。そして、真実は、マルクスが『資本論』においても彼の初期以来の疎外論を放棄するどころか、それをいっそう発展させ、そのうえで、これも初期以来の彼の物象化概念も発展させていたということであったのである。

おわりに

マルクスの「疎外」についての編者の今村の文章を検討してみたところ、はっきりしてきたのは、今村が、この二一世紀の初めになってもなおマルクス疎外論超克説を信奉していて、それを何としても延命させようと大いに努力していたということであった。このマルクス解釈上の仮説は、かつてスターリン時代に新たに見出されたマルクスを葬り去ったときに作られた神話の一つにほかならなかった。したがって、結局、今村は、折角のマルクスのためにという高い志に反して、スターリン主義的な伝統に加担してマルクスを改めて葬るために骨を折っていたということになる。では、このマルクス葬送の努力は成功していたとみなされうるものであったのか。今村はその救済のために、マルクスの疎外概念を彼の先行哲学者ヘーゲルの疎外概念に引き下げるというような旧来のスターリン主義的手法を採用したり、マルクスが疎外論を放棄して物象化論なるものに移行した時点を『資本論』第一巻執筆の時期にまでずらしたりしてみせたのであるが、退勢挽回を狙った今村の蛮勇ともいうべき試みは到底正当化されえないものであった。したがって、これまで同種のことを試みてきた先輩たちと同様に、残念ながら、今村もまた問題のスターリン主義的神話を首尾よく生き延びさせるのに成功していなかったのである。あえて今村の功績を挙げてみるならば、それは、彼の『マルクス』が、この二一世紀の初めになってもまだスターリン主義的神話が消え去っていないだけではなく、その狂信的信奉者がいわば健在であるということを、したがってマルクスの適切な解釈を発展させようと努めているものは、今もなお同時にスターリン主義的神話の粉砕のために努めなければならないということを教えていたということであろうか。

だが、それにしても、この二一世紀の初頭においてもなおこのような新しい装いを与えられたマルクス疎外論超克神話が性懲りもなく担ぎ出されるのは何故か。この神話の成立過程を顧みてみれば、新たに発見されたマルクスの疎外論を受容するどころか、それを排斥し駆逐に乗り出ざるをえなかったスターリン主義の圧倒的な支配の歴史を思い起こさざるをえない。一世を風靡しその後新スターリン主義へと引き継がれたスターリン主義は、二〇世紀においては十分に批判されてこなかったために、新世紀に入った今もなお隠然公然と影響を及ぼし続けていることは疑いがない。物象化論者たちの議論などをみれば、いたるところにその痕跡を確認することができる。また、たしかに本来のスターリン主義の凋落は否定されえないとしても、スターリン主義によってカリカチュア化されて利用されてきた伝統的マルクス主義そのものの影響ということになると、その大きさは今もなお計り知れないものがあるとみなしてもよいであろう。そして、このマルクス主義は原理的にマルクス疎外論とは両立できない以上、その影響下にある人々は、当然何らかの疎外論超克説と自分を結びつけることにならざるをえないであろう。この伝統的マルクス主義と生き延びてきたスターリン主義の悪しき影響が払拭されないかぎり、マルクス疎外論超克説が再生産されるのは避けられないということであろうか。

しかし、マルクス疎外論超克神話の諸変種にたいする需要は、それらを読めば自分たちの正当性が確かめられる思いがするというような、古い諸マルクス主義の影響下にある人々のところにあるだけではないであろう。まさに疎外論によって初めてマルクスの資本主義批判が最深の次元にまで到達することができたのであるとすれば、したがって彼の疎外論が資本主義にたいするもっともラディカルな批判を提供していたのであるとすれば、マルクスに疎外論を超克させる、したがって成熟したマルクスの思想から疎外論を排除するということは、彼の資本主義批判からそのもっとも鋭い牙を除去することを意味するであろう。その結果としてマルクスの資本主義批判を著しく無害なものに変質させることになるのであるが、このような作業が資本主義社会の存続を願っている人々にとってまことに有益なものであることは疑いの余地がない。マルクス疎外論超克神話がどのような人々の需要にも大いに応えてきたかは明らかではないであろうか。牙を抜かれて無害になってしまったマルクス主義なるものは諸々のブルジョア・イデオロギーと仲良く折り合って行けるイデオロギーの一つになってしまわざるをえないが、まさにここにマルクス疎外論超克説が持て囃されてきた最大の理由があったのではないであろうか。マルクス解釈に致命的な欠陥があり、「物象化」があいまいで批判的機能も疑わしいとしても、それらの欠陥をすべて埋め合わせてくれるようなメリットがあることを現存社会が絶えず教えてくれるというわけなのである。

疎外　物象化　物神崇拝

はじめに

偏見がしばしば強靭な生命力をもってしぶとく生き延びるものであることは、よく知られている。そのような偏見の強靭さを教えている代表例の一つが、あらゆる偏見を憎んだマルクスのような人の思想の研究の歴史において少なからず見出されるということは、まことに皮肉な話だといってもよいであろう。それらの偏見のなかでもよく知られているのは、マルクスが彼の初期の疎外論を彼の後期において放棄してしまったという見解、マルクス疎外論超克説と呼ばれるべき仮説である。しかし、これは、そもそも仮説といっても研究上の仮説として生まれたものなどではなく、新たに見いだされたマルクスの疎外論をスターリン時代のマルクス主義者たちが葬り去ったときに、彼らによって創作された神話の一つでしかなかった。それはスターリン主義的なソ連型社会主義運動にとって好都合な物語であったので、この運動のなかで拡大再生産され、非常に広範に流布させられてきたのである。そして、スターリンが死んで彼の権威が失墜させられ、やがてソ連型社会主義運動も自己崩壊を遂げてしまったのであるが、この神話は生き延び、今日もなお多数の信奉者を見出していて、偏見の強靭さというものが如何なるものであるか教えている。

このマルクス疎外論超克説が間違っていて、たんなる神話であったということは、そして、今ではたんなる偏見と呼ばれるのがふさわしいものでしかないということも、私自身も参加してきた、前世紀の後半にマルクスの復権のために広範に展開されてきた運動によってすでに明らかにされてきたといってもけっして過言ではない。その結果としてマルクス疎外論超克説は、理論的にはその基礎がほとんど突き崩されてしまい、急速にその信奉者を減少させてきたのであるが、しかしそれにもかかわらず、現在も少なからぬ人々がこの偏見に囚われていることはたしかである。おそらく、その理由は主にイデオロギー的なものであるが、ともかくも、今もなおその仮説には理論的な正当性があると本当に信じている人々が少なからずいるのである。

ここで私が問題として取り上げたいと考えているのは、主にこの最後のグループの人々の見解で、彼らも、マルクスが一八五七–八年に書いた『経済学批判要綱』ではマルクスが疎外論を維持していたことを認めるのであるが、しかし同時に彼らは、その後で、つまり『資本論』第一巻が執筆された一八六〇年代には、マルクスは疎外論を放棄してしまったと主張してきた。はたして彼らの主張には少しでも正当性があるのであろうか。また彼らが疎外論放棄後マルクスが採用したと考えてきた物象化論とはどのようなものなのか。それはマルクス自身の物象化概念とどのような関係にあるのか。さらに、物象化概念に力点を置いたマルクス解釈はある時期のルカーチの解釈の影響を強く受けてきた。しかし、そもそも彼の「物象化」は今もなお本当に価値をもっているのであろうか。いつまでも消えない偏見の源になっているこれらの問題を、以下でやや立ち入って検討しておくことにしたい。

一　後期マルクスの疎外概念

今日では誰もが『経済学批判要綱』を読むことができるだけではなく、一八五九年の『経済学批判』以後『資本論』執筆直前までのマルクスが書いていた『資本論』のための大量の準備草稿（以下、『資本論草稿集』）を読むことができる。それを読めば、マルクスが、『経済学批判要綱』、『経済学批判』などにおいて到達した商品、貨幣、さらに資本などの経済学的諸概念をさらにいっそう発展させるために非常に緊張した努力を続けていたということがわかる。したがって、ここまで来ると少し後の『資本論』にそのままストレートに連なって行くような諸思想が目立ってくるのであるが、さしあたってここで注目しておかなければならないのは、『資本論草稿集』においてもマルクスが疎外概念を頻繁に使用していたということであり、さらに「疎外」、「外化」などの用語さえもしばしば登場させていたということである。こうした事実は、『資本論』に近づけばマルクスが疎外概念を放棄したことが確かめられるかもしれないなどという希望が儚いものであることを教えている。しかし、問題はこの概念が、たまたま偶然的に、あってもなくても構わないような些細な議論のなかで使われているにすぎなかったのではなく、まさにマルクスが批判的に解明しようとしていた資本主義的生産様式の本質を批判的に特徴づけなければならないようなところできわめて重要な不可欠の概念として使われていたということである。

そのような使用例を『資本論』執筆直前の草稿集から私たちはいくらでも挙げることができるが、ここでは、それらのうちから典型的な例だけを引用するだけにとどめておいてもよいであろう。マルクスは彼の相対的剰余価値論を深めるさいに生きた労働と過去の労働の産物にほかならない労働の対象的諸条件との対立についてくりかえし次のように論じていた。

「そもそも資本主義的生産を特徴づけているのは、労働諸条件が自立的に、人格化されて、生きた労働に対立して現れてくるということ、労働者が労働諸条件を使うのではなく、労働諸条件が労働者を使用するということである。まさにこのようにして労働諸条件は資本になるのであり、それらの諸条件を自分のものにしている商品所有者が、労働者に対立して資本家になるのである。……労働が資本のもとに形式的に包摂されている場合は、これらの労働諸条件はなんら新たな変化を受けない。……しかし、新しい生産様式のもとでは、つまり資本主義的生産がなしとげる生産様式における革命のもとでは、これらの労働諸条件はその姿態を変える。……機械装置にもとづく機械制作業場ではこの変化は本来の労働用具をとらえる。……機械の場合、この対立あるいはこの疎外は敵対的な矛盾にまで発展する。」(『資本論草稿集』9、大月書店、一九五ページ、MEGA. II−3−6, S. 2014)

ここでマルクスが、資本主義的生産様式の本質的特徴を、労働者から彼らの労働の産物にほかならない労働諸条件が分離され自立化し彼らを支配する、つまり労働者から労働諸条件が疎外されるということに求めていることは、つまり『経済学批判要綱』におけると同様に彼がその初期以来の疎外論を存続させていることは、改めて注意するまでもないであろう。そして、ここではマルクスはさらに、この疎外が、労働がたんに形式的に資本によって包摂されていただけであったマニュファクチャーの段階から、資本によって労働が実質的に包摂されるにいたる産業革命以後の段階へと資本主義が発展するにつれて、どのような変化を被ったかを論じているのである。周知のように、産業革命によってもたらされた機械の導入とその発展は、それ自体としては労働を軽減し労働時間を短縮する可能性を開いたのであるが、しかしこの可能性は資本主義的生産にあってはあくまでも可能性にとどまらざるをえなかったのであり、実際には労働の強度が高められ、労働時間が引き伸ばされてきた。こうした歴史的経緯を念頭に置きながらここでマルクスは、産業革命後の資本主義の新たな段階においても前の段階と同様に労働の疎外が存続させられるだけではなく、機械制大工場においてはこの疎外が敵対的な矛盾にまで発展させられざるをえないことを強調しているのである。

『資本論』執筆の直前の草稿集のなかでマルクスが彼の初期以来の疎外論を放棄するどころか、それをいっそう発展させていたことは以上の一例だけからでも十分に明らかであるが、ここで最後に登場してきた資本主義的生産への機械の導入についてこの草稿集のなかで彼は本格的に分析を深めているので、念のためにもう一つの例を挙げておくことにしたい。資本主義的生産における機械と生きた労働との関係について機械による労働者の吸引と反発が特徴であり、結局は労働者の生存の絶えざる動揺が特徴であるという、今もなおそのまま妥当するような重要な真実を指摘した後にマルクスは「疎外」を用いて次のように書き記している。

「実際にまたストライキにおいて示されているように、機械は生きた労働の諸要求に直接に対抗して使用され発明されるのであり、それらの諸要求を抑圧し屈服させるための手段として現れてくる。／それゆえに、ここで労働の客体的諸条件——過去の労働——が生きた労働に対立して身につける疎外が初めて真に直接的な対立として現れてくる。というのは、過去の労働が、したがって、自然諸力や科学をもふくめた労働の普遍的な社会的な諸力が、一部は労働者を街頭に投げ出して余計者にするために、一部は工場制度において完全に組織された資本の専制と軍隊的規律のもとに労働者を屈服させるために、直接に武器として現れてくるからである。」（同前、二一五九ページ、MEGA II－3.6、S.2057）

ここから、何故マルクスが新しい段階で初めて疎外が敵対的な対立にまで発展させられざるをえないとみなしていたかということが、したがって機械の導入とともに初めて労働の対象的諸条件にたいする労働者たちの最初の反乱が始まらざるをえないとみなしていたかということも、よくわかる。しかし、さしあたって大事なことは、マルクスが産業革命以後の資本主義の新しい段階において発展させられ利用されてきた機械の歴史的意義を問題にするさいにそれをまさに疎外概念を使って論じていたということであり、そして「疎外」という用語も従来通りに用いていたということであることも、改めて注意するまでもないであろう。

さて、もう一度確認しておくならば、ここで引用した二つの文章群は、『経済学批判要綱』

執筆の後、『資本論』執筆の前に書かれたものである。マルクスが、『資本論』に近づくにつれて疎外概念を放棄して何か別の概念に置き換えたなどということはなく、逆に疎外概念を維持しさらに発展させていたということは、非常に明瞭だといってもよいであろう。一八六〇年代前半の草稿集にはここで引用したような疎外概念使用例を含む箇所は他にいくらでも見出せるのである。

こうしたことは、『資本論』においてもマルクスが疎外論を放棄するどころか、それを維持し発展させていたことを推測させるのであるが、実際に、一八六七年に出版された『資本論』第一巻を読んでみれば、「疎外」という用語がしばしば使われているだけではなく、疎外概念ということになれば、特に肝心の資本主義的生産様式の本質を特徴づけるさいには、繰り返し使われているといっても過言ではないことがわかる。

ここでも例はいくらでも挙げることができるが、すでに他の論文でも取り上げられているので、もっとも代表的な例を挙げるにとどめておきたい。マルクスが『資本論』出版の少し前に書かれた『資本論草稿集』のなかで、労働の疎外が機械の発展とともに初めて敵対的で直接的な対立にまで発展するということを詳細に検討していたことを先にみてきたが、こうした議論のほとんどすべてがそのまま『資本論』第一巻の第4編「相対的剰余価値の生産」第13章「機械と大工業」などに引き継がれている。そしてまさにそれらの章のなかでマルクスは労働者の生きた労働と彼の労働の対象的諸条件の関係について繰り返し次のように論じていた。

「すべての資本主義的生産――それらが生産がたんに労働過程であるだけではなく同時に資本の価値増殖過程でもあるかぎり――に共通しているのは、労働者が労働条件を使用するのではなく、逆に労働条件が労働者を使用するということであるが、しかし機械とともに初めてこの転倒は技術的に明瞭な現実性を獲得する。労働手段は、その自動機械への転化によって、労働過程そのものにおいて資本として、生きた労働力を支配し使い尽くす死んだ労働として、労働者に対立して現れるのである。」（同前、五五二－三ページ、S.446）

ここで強調されているのが、対象化された過去の労働である労働諸条件が生きた労働を支配し使用するという労働の疎外とその発展にほかならないことは、改めて指摘するまでもないであろう。たしかにここでは「疎外」が使われていないが、しかし同じ過程が、少し後では「疎外された」という用語が導入されて次のように描き出されている。

「資本主義的生産様式が一般的に労働者に対立させせて労働諸条件および労働諸生産物にあたえる自立化された、そして疎外された形態［die versebst ndigte und entfremdete

Gestalt〕は、機械とともに完全な対立にまで発展させられる。」（同前、五六四ページ、S.455）

これらの文章によって表現されている疎外概念が『資本論』以前時期の経済学草稿のなかで発展させられていた疎外概念のストレートな延長線上にあることは、異論の余地なく明瞭であろう。したがって、ここでもまた、まさに『資本論』においても疎外概念が資本主義的生産の本質を批判的に特徴づける基本的な概念として維持され発展させられていたことがはっきりさせられていると考えなければならないのである。

さて、以上から明らかなことは、要するに、マルクスが『資本論』においても疎外論を放棄するどころか、それを維持し発展させていたということであり、それを資本主義的生産様式の本質を特徴づける概念として使っていたということである。したがって、ここから出てくる結論がどのようなものにならざるをえないかは、もはや繰り返すまでもないが、それは、マルクスの疎外論が『資本論』などの後期マルクスの諸著作においては物象化概念に置き換えられるようになるなどという議論は完全な間違いで、たんなる偏見以外のなにものでもありえないということである。しかし、それにしても、ここで引用したような文章は、マルクス研究者であれば誰であれ、読んだことがあったはずなのである。そしてそれらを読んでいれば、まさにここに初期マルクスの疎外論が再現されていることに気づかざるをえなかったはずである。それでは一体何故彼らは、マルクスが『資本論』で彼の疎外論を放棄してしまったなどという嘘偽りでしかないようなことを信じ込むことができたのであろうか。彼らもまた、悪しきイデオロギーに呪縛されれば見えるものまで見えなくなってしまうということを改めて例証しているということなのであろうか。

二　「物象化」と「人格化」

マルクスは『資本論』においても彼の疎外論を放棄するどころか、それを維持し発展させていた。したがって、マルクスが『資本論』で疎外論を物象化論によって取り替えたという主張も間違いであることがはっきりしているので、わざわざその物象化論なるものについて論ずる必要もないということになるであろう。マルクス疎外論超克説を論駁することだけが課題であるとすれば、たしかにその通りなのであるが、しかしこの後期マルクスによる物象化論の採用という話は疎外論超克論の信奉者たちのところではひろく信じられてきただけではなく、彼ら以外のところでも何か価値がある議論がありそうだという印象をあたえてきたように思われる。そこで、やはり以下でやや立ち入って検討しておきたいと思う。

先ず最初にマルクス自身の物象化概念を思い起こしておくべきであろう。この概念も「物象化」という用語もマルクスのところでは早くから登場させられていて、後期の経済学的諸著作でも頻繁に使われている。後期マルクスにおける代表的な使用例は、先ずは資本主義的生産様式における労働者と生産諸手段との関係についての批判的な検討に見出されるのであるが、次のような箇所はその典型的なものである。

「資本家が、資本の人格化として直接的生産過程でもつ権威、彼が生産のリーダーおよび支配者として身につける社会的機能は、奴隷、農奴をともなった生産を土台とする権威とは本質的に違うものである。／資本主義的生産の土台の上では、直接的生産者の大衆にたいして、彼らの生産の社会的性格が、厳格にコントロールする権威の形態において、また、労働過程の、完全なヒエラルヒーとして編成された、社会的な機構の機能の形態において、対立して現れる。——といっても、この権威の担い手は、ただ労働に対立する労働諸条件の人格化としてのみこの権威をもつのであって、以前の生産諸形態におけるように政治的支配者あるいは神政的［theokratisch］支配者として権威をもつのではないのである。——この権威の担い手たち、相互にただ商品所有者として相対するだけの資本家たち自身のあいだでは、もっとも完全なアナーキーが支配していて、このアナーキーの内部では生産の社会的連関は、もっぱら圧倒的な自然法則として個人的恣意に対立して現れてくるのである。」（マルクス『資本

論』三、大月書店版全集25、一一二六ページ、MEW.25, S. 888)

ここで登場している労働諸条件の「人格化」としての資本家たちとは、まさにそれらの労働諸条件そのものとしてふるまわざるをえない、つまりはその人格の「物象化」が実現されている人間たちにほかならないのであるが、まさにそのような物象化から生じる権威や機能が、それ以前の諸時代の社会とは異なる資本主義社会の特徴を表しているのだというわけである。したがって、ここからもマルクスが物象化概念にどれほどの重みをあたえていたかがよくわかるが、さらに注目すべきは、彼がその人格が物象化された人間としての資本家たちの相互の社会的関連、すなわち物象化された社会的関連と呼ばれるべき関連が「圧倒的な自然法則として個人的恣意に対立して現れてくる」ことを強調していることであろう。こうした物象化論にもとづいて初めて経済的社会構成体の発展を自然史的過程として把握するという歴史発展についてのマルクスの有名な観点が可能になっていたことは改めて指摘するまでもないであろう。

それでは、物象化論者たちが主張してきたように、以上から、後期マルクスのところでは疎外概念が排除されて物象化概念が中心に押し出されたのだというような結論を導き出すことができるであろうか。この問いにたいする答えが否であることは明らかである。ここでの最初の引用文に目を向けるべきであろう。もう一度引用するならば、マルクスは次のように述べていたのである。「資本家の支配は、生きた労働にたいする対象化された労働の支配にほかならず、労働者そのものにたいする労働者の生産物の支配にほかならない。」ここで語られている「生きた労働にたいする対象化された労働の支配」、「労働者そのものにたいする労働者の生産物の支配」がまさに疎外された労働にほかならないことは殊更に注意するまでもないであろう。したがって、ここから、マルクスが、人格の物象化も物象の人格化も疎外された労働を土台として初めて可能になると考えていたとみなすのが妥当だということになる。マルクスにとって、たしかに一度成立すれば両者が相互作用の関係になるとしても、人格の物象化も物象の人格化も、労働の疎外を前提にして初めて可能になる副次的現象にほかならなかったのである。したがって、マルクスの意味での「物象化」も、当然その対概念の「人格化」も、彼の「疎外」に取って代わるなどということは論外であったということである。もしも、物象化論者たちが説いてきたように、マルクスのところで疎外概念が放棄されてしまっていたとすれば、そもそも何故物象化が引き起こされるのか、この現象はいかにしたら克服されうるのか、というような問題にたいしてマルクス自身も答えることができなかったということになるであろう。物象化論者たちはすべて、もしも彼らが「物象化」のもとにマルクスの本来の物象化概念を念頭に置いていたとすれば、彼らはマルクスを正確に理解することもなく、もっぱらマルクスから疎外論を遠ざけたいという一念からまったくわけがわからずに間違ったことを主張していたということになるであろう。

　他のところでも指摘しておいたことであるが、ここで引用した文章で描き出されているように、生産諸手段のような物象が人格化され、労働者の人格が物象化されるということは、労働者の人格としてのふるまいが否定されることを意味するが、一個の人格としてふるまいうるということが人間の尊厳の最小限の条件であるとすれば、物象化は労働者の人間としての尊厳を奪うことを意味することになる。したがって、労働者が人間としての尊厳を獲得するためには物象化を否定しなければならず、物象化が引き起こされる諸条件を廃絶しなければならないということになる。マルクスの「物象化」は、彼のその他の諸概念と同様に、たんなる記述的概念ではなく、対象が否定的なものであり克服されなければならないことを明確にする機能もはたす批判的概念であったのである。

　まさにこのような批判的機能をマルクスの「物象化」がもっていたことを、マルクスが疎外論のかわりに物象化論を採用するにいたったと説いてきた物象化論者たちはまったく無視してきたといっても過言ではないであろう。マルクスに疎外論を超克させようと懸命に努力してきた彼らは、ここでもまたマルクスがもっぱら記述的諸概念を操ることを課題としていた実証主義的な社会科学者であったかのように解釈してきたのである。絶えず批判的で革命的であることに努めていたマルクスが彼らのおかげでどれほど歪められ痩せ細らされてきたことであろうか。まことにその罪は計り知れないほど大きいといってもよいであろう。

三　ルカーチの「物象化」

もし物象化論者たちがマルクスの物象化概念にもとづいて議論をしていたとすれば、彼らは『資本論』の時期に疎外論が維持され発展させられていたことを理解することができなかったうえに、肝心の物象化概念についても不適切な理解しかしてこなかったことが明らかになったので、私たちは安んじて疎外論から物象化論へというマルクス解釈と訣別してもよいということになっている。しかし、実はマルクス主義の歴史のなかで幅を利かせてきた「物象化」は、必ずしも今みてきたマルクスのものではなく、一九二三年に出版されたルカーチの有名な『歴史と階級意識』に由来するものであった。それは、マルクスの「物象化」とは同一ではなく、概念として異質のものであり、外延的にも内包的にも異なっていた。そして、このルカーチの「物象化」にマルクス疎外論超克説の信奉者たちもしばしば大いに影響されて来たのである。したがって、マルクス疎外論超克説と訣別するためにも、どうしてもさらにルカーチの物象化概念もみておかなければならないということにならざるをえない。そこで、次にその概念をできるだけ論点を絞って簡単に検討しておくことにしたい。

ルカーチが一九三〇年代の初めに『経済学・哲学草稿』を読んでショックを受け、彼の哲学思想的パラダイムをマルクス疎外論の方向に転換させたことは知られているが、その彼が一九六〇年代後半に『歴史と階級意識』について、「疎外がマルクス以来初めて資本主義の革命的批判の中心的問題として取り扱われ、その理論史的、方法論的淵源がヘーゲルの弁証法にまで溯って求められ」、それによって「人間の疎外がわれわれの生きる時代の中心問題として、ブルジョア的な思想家からもプロレタリア的な思想家からも、政治的、社会的に右翼の立場に立つ思想家からも、左翼の立場に立つ思想家からも、同様に認められ、承認されることになった」ときわめて高く評価していた（ジェルジ・ルカーチ「『歴史と階級意識』序文」、浦野春樹編『ルカーチ研究』、一八八―一八九ページ）。たしかに彼は同時にこの疎外の問題の取り扱いが「純粋にヘーゲル的な精神によっておこなわれている」こと、ヘーゲルに倣って「疎外が対象化と同一視されている」ことなどを挙げて、『歴史と階級意識』には重大な誤りがあったと自己批判していたのであるが、しかし、著者自身があたえた高い評価が今日では概ね妥当なものだと認められているといってもよいであろう。

問題は、このルカーチの議論のなかで『歴史と階級意識』の基本概念が「疎外」であったかのように語られているが、実際にこの論文集で彼がキーコンセプトとして中心に据えていたのは「物象化」の方であったということである。そして、この概念の取り扱いにはきわめて由々しい問題が含まれていたのである。いったいこの「物象化」のもとに彼は何を考えていたのであろうか。この問題はこれまで必ずしも十分に批判的に検討されてきたとはいえないので、念のために大事なところを引用して確認しておきたい。この著書のなかで彼は、「物象化」をはっきりさせようとして次のように書いていた。

「商品構造の本質は人間と人間との関わりあい、関係が物象性という性格をもち、こうしてまた『幻影的な対象性』をもつようになり、この対象性が、その厳格な、見かけ上は完結した、合理的な独自の法則のなかに、自らの根源的本質である人間関係のすべての痕跡を覆い隠している、ということにある。」(ルカーチ『歴史と階級意識』、城塚登、古田光訳、『ルカーチ著作集』9、一六二ページ)

ここから知られるように、ルカーチにとっての「物象化」とは「人間と人間の関わりあい、関係が物象性という性格をもち、こうしてまた『幻影的な対象性』をもつ」ということで、何よりもまずそのように把握された物象化がこそが商品構造の本質をなしているのだというわけである。こうしたところから知られるように、彼の「物象化」は、マルクスの「物神崇拝」に引き寄せて作られた概念で、『資本論』の商品論の最終節のなかの次のような有名な文章などがそのまま利用されていたということである。

「商品形態や、この形態が現れるところの諸労働生産物の価値関係は、諸労働生産物の物理的な性質やそこから生じる諸々の物的なつながりとは絶対に何の関係もない。ここで人間にたいして諸物の関係という幻影的な形態［die phantasmagorische Form eines Verhältnisses von Dingen］を採るのは、ただ人間自身の一定の社会的関係でしかないのである。それゆえに、そのアナロギーを見出すためには、われわれは宗教的世界の霧幻境［die Nebelregion］に逃げ込まなければならない。ここでは、人間の頭の諸産物が固有の生命をあたえられて相互に、そしてまた人間とのあいだでも関係を結ぶ自立した姿に見える［scheinen］。同様に、商品世界では人間の手の諸生産物がそう見える。これを私は物神崇拝［der Fetischismus］と呼ぶのであるが、それは、諸労働生産物が諸商品として生産されるや否やそれらの労働生産物に付着する［ankleben］ものであり、それゆえに商品生産と不可分なものである。」（前掲『資本論』、九八ページ、S. 86―7）

ここでマルクスは、人間にたいして「人間自身の一定の社会的関係」が「諸物の関係という幻影的な形態」をとる、つまり人間にとって人間と人間の関係が物と物の関係のように見える、こうした現象を問題にしている。したがって、ここで引用した文章を一読しただけでは、少し前にみてきたマルクスの人格的関係の物象化という概念を別の言葉で呼んでいるだけのようにみえる。そして、実際にルカーチはまさにそのように受け取ったようであるし、その後今日にいたるまで多くの人々がそのように読んできたように思われる。しかし、そのような解釈は適切であったのであろうか。

注意すべきは、どのように見えるかという問題の変化をマルクスは、宗教において人間の頭が創造した神々が人格的存在であるかのように相互に、また人間とのあいだでもさまざまな関係を取り結ぶように見えるということと類似していることに注目していることであろう。宗教において人間が創作した複数あるいは単数の神が人間よりも上位の存在として崇拝されることを知り、それらの神々あるいは神が固有の生命をあたえられてさまざまにふるまうことを知るだけでは、もとよりまだその宗教の信者とはいえない。人々の頭のなかで人間の創作物でしかない神々あるいは神がさまざまなふるまいを演ずるという幻想を事実であるかのように信じ込む、つまりひとびとのところで「知性錯乱」（マルクス）が起きて主客の転倒が生じ、彼らの創作物でしかない神々や神を実際に崇拝する——そのまえで跪き崇め奉る——というところにまで行って、はじめて彼らも宗教の信者であるということになり、宗教がその定在を獲得したことになるのである。こうしたことを思い起こしてみるならば、商品世界において人間と人間の関係が物と物の関係に見えるということがただちに物神崇拝になるわけではないことは明らかであろう。というのは、たしかに物神崇拝者もそのように見るのであるが、しかしそのような種類の人間ではなくても、同じように見えるはずだからである。なぜなら、商品世界でそのように見えるのは次のようなことの結果にほかならないからである。

「交換価値においては諸人格の社会的つながり［Beziehung］は諸物象の社会的ふるまい［Verhalten］に転化し、人格的な能力は物象的な能力に転化している。」（『資本論草稿集』1、一三七ページ、MEGA II－1－1,S.90）

商品世界において人間と人間との関係が物と物との関係に見えるということは、この世界において諸人格および人格的諸関係が実際に物象化されるということの結果にほかならないのである。それにたいして、マルクスが「物神崇拝」のもとに問題にしているのは、そのように見えてくる人間の手の産物やそれらの相互の関係が、そもそもの創造者にほかならない人間の人格と人格間の諸関係よりも上位に位置するものとして跪かれ崇め奉られる、そうした存在が「固有の生命をあたえられて相互に、そしてまた人間とのあいだでも関係を結ぶ自立した姿」にみえてくるということなのである。このような意識内における主客の転倒によって、人間と人間との関係が物と物との関係に見えるという事実が肯定的に受け入れられ、人間の人格と人格間の関係の物象化ということが何か当然のこととして認められるということになる。

問題は、そもそも商品世界における人格の物象化は、そうした転化をどのように意識しているかにはかかわりがなく、当事者たちはこの転化を強制されるということである。そこでさらに、商品世界が成立するにはこの強制される転化を当事者たちがそのようなものとして受け入れるだけではまだ十分ではないということになる。マルクスは、当事者たちの内面の意識においてもそれにふさわしい変化が生じ、自分たちの手の産物を自分たちよりも上位にあるものとして、つまり物神として崇拝する、それらの前で跪き崇め奉るところまで行って、初めて彼らもそうした転化を自明のこととして受け入れるようになると考えたのではないであろうか。このような物神を崇拝する人間とは物神崇拝者であるが、マルクスはそうした物神崇拝者の群のところで初めて物象化がいわば滑らかに実現されるようになる、つまりは商品世界が本格的に実現されるようになる、と考えたのではないであろうか。

さて、もしその通りであるとすれば、マルクスにおける「物神崇拝」と「物象化」とはやはり二つの異なった概念であると考えなければならないということになるであろう。後者が、人格が物象へ現実的に転化する過程を表すのにたいして、前者の物神崇拝は当事者たちがこの転化過程を受け入れる意識の変化を問題にしているのであり、物神崇拝者になることによって人々はその転化過程を、つまり物象化を当然なこととして喜々として受け入れるようになるのである。それにたいして、ルカーチは「物象化」を導入したときにこの区別を無視し、それを「物神崇拝」に引き寄せて解釈してしまったのである。したがって、そもそもマルクス解釈としてルカーチの物象化論は不適切であったとみなさなければならないのであるが、この欠陥がさらに『歴史と階級意識』における彼の社会変革の概念の欠陥と密接に結びついていたことが忘れられてはならないであろう。というのは、ルカーチの考えでは、人間の意識の変革による物神崇拝の克服がただちに物象化された社会的諸関係の変革を意味するということにならざるをえなかったからである。実際に彼はこの本のなかでしばしば次のように主張していた。「労働者が自分を商品として認識することは、認識としてすでに実践的である。すなわち、この認識は、その認識の客体の対象の構造的な変化をもたらすものなのである。」（前掲『歴史と階級意識』、三〇四ページ）しかし、マルクス的な唯物論的観点からみれば、いかなる認識であれ、そしてそれがどれほど重要な前提条件であったとしても、認識だけでは認識と行為の対象である客体の、すなわち社会的諸関係の、対象的な変化をもたらすわけではないのである。そして、そこまで行かなければ、人間は物神崇拝からは解放されえても、物象化からは、さらにその土台にほかならない疎外からは、けっして解放されえないのである。

『歴史と階級意識』にはヘーゲル主義的観念論的なところがあったという後のルカーチの自己

批判は正当であったのであり、以上で考察してきたところだけからでも、そうした観念論に結びつかざるをえなかった彼の物象化概念が放棄されたのは当然のことであったという結論を引き出さざるをえないのである。

四　疎外と物神崇拝

『歴史と階級意識』におけるルカーチの物象化概念がもっている問題は、しかし、以上には留まらない。彼は、以上でみてきたような、マルクスの「物神崇拝」をモデルにして理解していたといってもよい物象化こそがもっとも規定的な現象であって、マルクスが「疎外」のもとに考えていた状態はそれによって規定された副次的諸現象であると考えていた。こうしたことは、彼の次のような主張から十分に知ることができる。

「この物象化の基本的事実によって人間独自の活動、人間独自の労働が、何か客体的なもの、人間から独立しているもの、人間には疎遠な固有の法則性によって人間を支配するものとして人間に対立させられる……」（同前、一六七ページ）

人間の労働活動が彼自身のものではなくなり、彼を支配するものとして彼に対立させられるという状態は、マルクスが労働疎外の概念によって把握しようと努めていた状態にほかならない。したがって、ここからルカーチが、彼がマルクスの「物神崇拝」にひきよせて解釈していた物象化こそが基本的な事実で、労働疎外はこの事実から派生したものだと考えていたことがわかる。

問題は、このようなルカーチの理解はどの程度の妥当性をもっていたのかということである。先にみてきたように、マルクスはまさに疎外こそが基本的な事実であって、物象化はこの事実によって規定された現象であると考えていた。そして前節での検討によれば、物神崇拝は物象化を基礎として生じこの基礎に奉仕するような特殊な意識のありかたにほかならなかった。したがって、もしその通りであるとすれば、物神崇拝は物象化によって規定され、この物象化は疎外によって規定されているので、物神崇拝もまた疎外という基本的な事実によって規定された特殊な現象にほかならないということになる。したがって、もしその通りであるとすれば、逆に考えていたルカーチは物神崇拝と疎外との関係をきわめて不適切に解釈していたということになるであろう。実際にマルクスにそくして検討してみるならば、『歴史と階級意識』のルカーチが根本的に間違っていたことがよくわかってくる。

この問題にたいするマルクスの態度は、彼の初期以来一貫していたとみなすことができるので、まずは『経済学・哲学草稿』からみておくことにしよう。とりわけ注目すべきは、この草稿でマルクスが宗教的疎外と労働疎外との類比について語っていた諸箇所であるが、それらの一つでマルクスは次のように論じていた。

「たしかにわれわれは、外化された労働（外化された生活）の概念を国民経済学から私的所有の運動からの帰結として獲得してきたにちがいない。しかしこの概念の分析にさいして示されるのは、私的所有が外化された労働の根拠、原因として現れるとしても、むしろそれはこの後者の帰結なのであるということであり、それはちょうど神々が本来は人間の知性錯乱の原因なのではなくその結果であるのと同様であるということである。後になってこの関係は相互作用に転換する。」（前掲『経済学・哲学草稿』、一〇二ページ、S. 244）

マルクスの議論は明確であろう。彼は、神々は、したがってまた神々が諸々の関係を取り結ぶ神々の物語も、「知性錯乱」――これを「疎外された知的活動」と呼ぶことはマルクスの精神に適っているであろう――の原因ではなく、「知性錯乱」の結果であるのと同様に、私的所有、したがってまた私的所有相互の関係も、疎外された労働の原因ではなく、疎外された労働の結果であり、「後になって」この因果関係は相互作用の関係に変わると主張しているのである。このマルクスの議論からまた、いずれも「後になって」相互作用に変わるとしても、神々の存在は本来の神崇拝を伴っているので、この神崇拝もまた知性錯乱の結果とみなすことができるように、私的所有に伴っている私的所有崇拝という物神崇拝もまた疎外された労働の結果とみなさなければならないということになるであろう。ここからさらに、初期マルクスにとって私的所有崇拝の概念が労働疎外の概念に取って代わることができるなどということは、まったくありえなかったのである。

では、この初期マルクスの考え方は後期マルクスにおいては、特に『資本論』では、変わってしまって、今や疎外概念が物神崇拝概念によって取って代わられてしまうというようなことになったのであろうか。そこで、いよいよ『資本論』における両者の関係を検討してみることにしよう。

これまでにすでにくりかえし問題にしてきたことであるが、『資本論』では商品生産社会における人間と人間との関係が物と物との関係として現れることが詳論されている。このことは、商品生産者たちが自分たちの生産物を商品として、価値として取り扱い、一定の価値量をもったものとして相互に関係させるということにほかならないのであるが、その商品論で商品の物神崇拝的性格について論じた後にマルクスはブルジョア経済学の批判に移り、次のように述べていた。

「経済学は、不完全ながらも、価値と価値量を分析し、これらの形態のうちに含まれている内容を発見した。しかし、経済学は、何故この内容があの形態をとるのか、つまり、何故労働が価値に、そしてその継続時間による労働の計測が労働生産物の価値量に表されるのかという問題は、未だかつて提起したことさえなかったのである。そこでは生産過程が人間を支配していて人間がまだ生産過程を支配していない社会構成体に属するものだということがその額に書かれてある諸定式は、経済学のブルジョア的意識にとっては、生産的労働そのものと同じに自明な自然必然性として認められている。」（前掲『資本論』、一〇六ページ、S.94）

ここでマルクスが論じていることを理解するのはけっして困難ではないであろう。労働生産物が商品として、価値として扱われ、その生産に費やされた労働時間が価値量として表される社会、したがってまた、人格の物象化と物象の人格化が引き起こされ、労働生産物が物神崇拝の対象になる社会は、「生産過程が人間を支配していて人間がまだ生産過程を支配していない」社会だということである。だが、この生産過程と人間との転倒はマルクスがまさに疎外された労働と呼んできたものにほかならない。したがって、ここからマルクスは『資本論』において労働生産物の商品化は、したがってまたそれにともなう人格の物象化も、さらにまたそれにたいする物神崇拝も、生産過程が人間によって支配されているのではなく、人間が生産過程によって支配されているということによって、つまりは労働が疎外されているということによって、規定されていると考えていたという結論を導き出すことができるであろう。

マルクスがまさにそのように考えていたということは、彼が物神崇拝がいかにして終焉を迎えるかということについて、次のように議論していたことからも知られる。ここで引用した文章の少し前のところでマルクスは次のように語っていた。

「社会的生活過程の、すなわち物質的生産過程の姿は、それが自由に社会化された人間の所産として人間の意識的計画的な制御の下におかれたときに、初めてその神秘のヴェールを脱ぎ捨てる。」（同前、一〇六ページ、S.94）

物神崇拝が労働疎外によって規定されているとすれば、生産過程が「自由に社会化された人間の所産として人間の意識的計画的な制御の下におかれる」、つまり労働疎外が止揚される、それとともに初めて労働生産物に付着している物神崇拝的性格もまた終焉を迎えることになるのは当然だといってもよいであろう。この興味深い文章には立ち入って論じたくなる興味深い諸概念が他にもあるが、それらについての検討は他の機会に委ねるとして、さしあたって、以上から明らかなことは、要するに、マルクスが『資本論』においてもまた労働生産物にたいする物神崇拝は労働疎外によって規定されているとみなしていたということである。

したがって、すでに先に結論を先取りしておいたように、『歴史と階級意識』のルカーチが、彼によって「物神崇拝」に引き寄せて解釈された「物象化」が「基本的事実」であって、疎外はこの事実によって規定されていると主張していたのは、根本的に間違っていたのであり、マルクス自身は、疎外こそが「基本的事実」であって、ルカーチのいう「物象化」はこの事実によって規定されていると考えていたのである。

すでに簡単に触れたように、ルカーチは『経済学・哲学草稿』を読み、マルクスの疎外概念を本格的に受け入れることになるが、それとともに、こうした『歴史と階級意識』の段階での「物象化」の概念も訂正したはずである。しかし、このパラダイム転換以前の彼の「物象化」の概念はルカーチ自身から離れて独自の歩みを開始し、さまざまな人々に影響を与える。そして、彼は、一九三〇年代初めに『経済学・哲学草稿』を読んでショックをうけ「『歴史と階級意識』の特殊性を構成していたものの理論的基礎が決定的に崩壊した」と考えるにいたったのであるが、当の本人のところでの変化に関わりなしに、その後もこの「物象化」は少なからぬ人々に影響をあたえ続けてきた。この点についてルカーチ自身は後に次のように書いていた。「残念ながら、私が理論的に誤りだと見なしているものが、しばしばもっとも強く、広い影響を及ぼす要因となっている……」（前掲序文、一九六九ページ）そうした影響を受けた日本での代表的な例が廣松渉などの物象化論であるが、当の開発者がはるか以前に間違っていたからといって捨て去った概念を有り難がって後生大事にしているなどとはまことに哀れでもあれば滑稽でもあるといわなければならないであろう。

さて、以上から、マルクス自身の「物象化」は、そして「物神崇拝」に引き寄せて作られたルカーチの「物象化」はなおさらのこと、疎外論の土台のうえで初めて理解されうる概念であったということが明らかになったのであるが、ここからさらにどのような結論を導き出すことができるかは、もはや改めて指摘するまでもないであろう。いずれの「物象化」を採用するのであれ、それがマルクスの思想発展のある時期に、たとえば『資本論』の執筆時に、彼の疎外論に取って代わったなどという話はまったく成立しえないのであり、もっと率直にいうならば、まったくのナンセンスにほかならないのである。

おわりに

マルクスについての研究が発展させられてきたおかげでマルクスのマルクス主義の葬送にさいしてスターリン主義的なマルクス主義者たちによって作られてきた神話も次々と突き崩され

てきたが、同じ神話の一つであったマルクス疎外論超克説もまた同様に追い詰められてきていた。その結果かつてのような羽振りのよさを失い、神話というよりはたんなる偏見とよばれるのがふさわしいものに変わってきてしまっていたのであるが、しかしその信奉者たちは落ち目の疎外論超克説を救済するためにいわばなりふりかまわぬ努力を傾けてきた。その成果の一つが、マルクスが疎外論を放棄して物象化論に移行した時点を『経済学批判要綱』以後の『資本論』第一巻執筆の時期にまでずらしてみせるという試みであったが、世間ではそうした試みにも多少は耳を傾けるべきものがあるかのように受け止められているようなので、ここで立ち入って検討してみた。はっきりしてきたことは、何よりも先ず、『資本論』直前の草稿や『資本論』そのものにおいても疎外論が維持され発展させられていたということであった。そしてまた、同じ時期のマルクスの物象化概念を実際の使用例にそくして検討してみたところ、この概念は疎外を土台として現れる現象を表すもので、とうてい疎外概念に取って代われるような概念ではありえないことが明かになった。要するに、せめて『資本論』ではという儚い望みを託して退勢挽回を狙った試みは完全に間違いで到底正当化されえないものであることが、わかったのである。したがって、これまで同種のことを試みてきた先輩たちと同様に、残念ながら、そうした試みを展開してきた人々もまた問題の神話、というよりは偏見を首尾よく生き延びさせるのに成功することなどはまったくできなかったのである。

さらに、疎外論に取って代わったとされる「物象化」の解釈には、かつて一九二〇年代にルカーチが開発した独特な物象化概念が利用されてきた。そして、いまもなおその影響下にある人々が少なからずいるので、併せてこの概念も批判的に検討してみた。その結果はっきりしてきたのは、ルカーチの物象化概念がマルクスの概念の解釈としてはきわめて不適切なもので、とても使用に耐えるような代物ではなかったということである。おそらくこの概念の創造者のルカーチが後に考えていたように、この概念は、マルクスの『経済学・哲学草稿』の発表以前の、思想史上の価値のみを有する歴史的遺物の一つとして取り扱われるのが妥当だということであろうか。したがって、このルカーチの物象化概念を使ってマルクス疎外論超克説を救済しようなどという試みなどは、滑稽なアナクロニズム以外のなにものでもないといわなければならないであろう。

だが、それにしても、この二一世紀の初頭においてもなお新しい装いを与えられたマルクス疎外論超克説が性懲りもなく担ぎ出されたりするのは何故か。この説の成立過程を顧みてみれば、新たに発見されたマルクスの疎外論を受容するどころか、それを排斥し駆逐に乗り出ざるをえなかったスターリン主義の圧倒的な支配の歴史を思い起こさざるをえない。一世を風靡しその後新スターリン主義へと引き継がれたスターリン主義は、二〇世紀においては十分に批判されてこなかったために、新世紀に入った今もなお隠然公然と影響を及ぼし続けていることは疑いがない。物象化論者たちの議論などをみれば、いたるところにその痕跡を確認することができる。また、たしかに本来のスターリン主義の凋落は否定されえないとしても、スターリン主義によってカリカチュア化されて利用されてきた伝統的マルクス主義そのものの影響ということになると、その大きさは今もなお計り知れないものがあるとみなしてもよいであろう。そして、このマルクス主義は原理的にマルクス疎外論とは両立できない以上、その影響下にある人々は、当然何らかの疎外論超克説と自分を結びつけることにならざるをえないであろう。この伝統的マルクス主義と生き延びてきたスターリン主義の悪しき影響が払拭されないかぎり、マルクス疎外論超克説が再生産されるのは避けられないということであろうか。

しかし、マルクス疎外論超克神話の諸変種にたいする需要は、それらを読めば自分たちの正当性が確かめられる思いがするというような、古い諸マルクス主義の影響下にある人々のところにあるだけではないであろう。まさに「疎外」によって初めてマルクスの資本主義批判が最深の次元にまで到達することができたのであるとすれば、したがって彼の疎外論が資本主義にたいする最深の批判を提供していたのであるとすれば、マルクスに疎外論を超克させる、したがって成熟したマルクスの思想から疎外論を排除するということは、彼の資本主義批判からそのもっとも鋭い牙を除去することを意味するのではないであろうか。その結果としてマルクスの資本主義批判を著しく無害なものに変質させることになるのであるが、このような作業が資本主義社会の存続を心から願っている人々にとってまことに有益なものであることは疑いの余地がないであろう。今ではたんなる偏見と化したマルクス疎外論超克神話がどのような人々の需要にも大いに応えてきたかは明らかではないであろうか。牙を抜かれて無害になってしまったマルクス主義なるものは諸々のブルジョア・イデオロギーと仲良く折り合って行けるイデオロギーの一つになってしまわざるをえないが、まさにここにマルクス疎外論超克説が持て囃されてきた最大の理由があったのではないであろうか。そのマルクス解釈に致命的な欠陥があり、「疎外」に取って代わったという「物象化」があいまいで批判的機能も疑わしいとしても、それらの欠陥をすべて埋め合わせてくれるようなメリットがあることを現存社会が絶えず教えてくれるというわけなのではないであろうか。偏見が強靭な生命力を保持しているときにはそれなりの理由があるのではないであろうか。

エンゲルスの誤解
——マルクスの思想形成をめぐって

はじめに

その晩年にエンゲルスは、マルクスの名前が結びつけられている新たな理論の指導的な根本思想の大部分をマルクスが見出したのにたいして自分は幾許かの寄与をしただけのことであると書き記し、マルクスが天才［Genie］であったのにたいして自分が能才［Talent］でしかなかったと謙虚に位置付けていた。このエンゲルスが亡くなってから一〇〇年の年月が流れ去ったが、この間のマルクス主義の歴史を顧みてみると、その謙虚な自己評価にもかかわらず彼がこの歴史に色濃くその影を落としてきたことがわかる。さしあたってここで思い起こすべきはこのマルクス主義の哲学思想の領域であるが、その歴史にたいするマルクスの影響などがまことに微々たるものでしかなかったのにたいして、エンゲルスの影響はまさに圧倒的であった。

よく知られているように、ベルリンの壁の崩壊後急速に自壊してしまったソ連型社会主義の公認の哲学体系はエンゲルスの構想を下敷きにし模範にしたものであった。そこで、この社会主義を崩壊に導いた理論が有罪であったとすれば、その基礎的な部分を成していた哲学もまた有罪であったということになり、この哲学に大きな影響を及ぼしたエンゲルスもまた疑わしい存在であったということになる。こうした方向での議論はこれまでのところ活発におこなわれてきたようにはみえないが、マルクス主義の存続、さらにはその発展ということを考えるとすれば、エンゲルスの哲学とその影響についての徹底的な批判的検討を避けて通ることはできないであろう。

そもそも天才マルクスにたいして自分はたんなる能才で第二ヴァイオリンを弾いただけというう謙虚な態度の表明などのおかげもあってエンゲルスにたいする批判は従来あまりおこなわれてこなかった。しかし、たしかに活発に議論されてきたとはいえないとしても、彼のマルクス哲学の解釈にも、また唯物論、弁証法、唯物論的歴史観からなる彼の哲学体系にもさまざまな問題があることは、これまでにも少なからぬ人々によって気づかれ、しばしばはっきりと指摘されてきた。そこで、さしあたってここで注意を喚起しておきたいのは、このエンゲルスがマルクスの思想形成過程について書き残したことがその後のマルクス解釈にたいして決定的な影響を及ぼし続けてきたことであり、それがマルクスの思想のエッセンスについての理解をも強く規定してきたことである。だが、そもそもこのエンゲルスのマルクスについての理解ははたして適切なものであったのであろうか。フォイエルバッハとマルクスとの関係についてのエンゲルスの周知の記憶はどの程度正確なものであったのか。また、彼はマルクスが新しい唯物論的パラダイムに移行した時点についてはっきりと言明しているのであるが、彼の説は本当に妥当なものであったのか。一見些細な問題にみえるが、これらの問題がもっている意味がけっして小さくはないことはいうまでもないので、以下、これらの問題についてやや立ち入って検討しておくことにしたい。なお、エンゲルスが積極的に提示しているマルクス主義の哲学的構想などの批判的検討は別な機会に改めて詳細に行なうつもりでいる(1)。

一　エンゲルスの仮説

先ず最初にエンゲルスが、彼が基本的にはマルクスのものだと考えていた理論がマルクス自身のところでどのように形成されたとみなしていたのかを確認しておくことにしたい。これはよく知られてもいるが、エンゲルスの解釈によれば、ヘーゲル主義者として活躍していたマルクスはある時点以後フォイエルバッハの信奉者になり、それがしばらく続いた後でいよいよ新たな唯物論的世界観を開発し本来のマルクスになったのである。こうしたことをすべてエンゲルスは、マルクス死後しばらくしてから書いた有名な『フォイエルバッハ論』のなかで詳論しているので、この著作にそくしてみていくことにしよう。

この著作のなかでエンゲルスは、ヘーゲル哲学とヘーゲル学派の解体過程を、もっぱら弁証法的方法と観念論的体系にアクセントをおき、ヘーゲルが発展させた革命的であったといってもよい自由の理念などをまったく無視していたが、こうした問題のある仕方で総括した後に、自分たちの経験の回想という形式で自分たちの青年時代について語っている。そこで彼は、フォイエルバッハの『キリスト教の本質』の登場とその意義について述べながら、マルクスの思想形成過程について次のような有名な証言を書き記している。

「『キリスト教の本質』によって」呪縛は打ち破られた。『体系』は爆破され、脇に投げ捨てられ、矛盾は、ただ想像のなかに現存するにすぎないものとして、解消された。――この本の解放的な作用を思い浮かべるには、それを自身体験してみなければならない。熱狂は一般的であった。われわれはすべて束の間［momenntan］フォイエルバッハ主義者［Feuerbachianer］になった。どれほど熱狂的にマルクスが新しい把握を歓迎したか、そしてどれほど甚だしく彼が――一切の批判的諸留保にもかかわらず――この把握によって影響されたか、こうしたことを『聖家族』のなかに読むことができる。」(2)

ここでエンゲルスが述べていることは明瞭であって、誤解の余地がない。要するに、エンゲルスの記憶するところによれば、マルクスもまたフォイエルバッハの『キリスト教の本質』を読んで感激し、それまでのヘーゲル主義者からフォイエルバッハ主義者に移行したのであるが、このことは『聖家族』から確認されうるというわけである。ちなみに、前者の本が出版されたのは一八四一年の六月であり、後者の『聖家族』が書かれたのは一八四四年の夏の終わりから一一月の後半にかけてであり、刊行されたのは一八四五年の二月下旬であった。したがって、エンゲルスによれば、マルクスは一八四一年の夏以後のどこかの時点で『キリスト教の本質』を読んでからフォイエルバッハ主義の時代に入り、この時代が『聖家族』の時期までは続いたのである。

では、もう少し厳密に何時マルクスはこの時代と訣別し、本来のマルクスになったのであろうか。この問題についてエンゲルスは、一方では、めったに引用されないが、『聖家族』がその出発点であったかのような文章も書いている。

「フォイエルバッハの観点をフォイエルバッハを超えて、このように［新しい世界観に向かって］さらに発展せることは、一八四五年にマルクスによって『聖家族』において開始され

た。」(3)

先の文章では、『聖家族』はマルクスがフォイエルバッハ主義者になったことの証拠になるものとしてあげられていたのにたいして、同じ本がここでは、マルクスがフォイエルバッハの超克を開始した出発点になるものとして挙げられている。マルクスはここにいると同時にここにはいない、ということであろうか。まことに弁証法の哲学者エンゲルスの真髄が伺い知られる興味深い例であるというべきであろう。しかも、『聖家族』が発表されたのはたしかに一八四五年の春以前であるが、そもそもこの本が書かれたのはその前年であったはずであり、いかに好意的に解釈してみても、この文章は全体の脈絡からみても、それ自体としてもかなりミステリアスなものだといわなければならない。

さらに、この文章によれば、『聖家族』がマルクスが新しい世界観への移行を開始した最初の著作であるということになるが、こうした主張も、エンゲルスのもう一つの有名な文章とは完全に矛盾しているのである。彼はマルクスの有名な「フォイエルバッハにかんする諸テーゼ」を付録として公表したのであるが、彼の考えではこの覚書きこそがマルクスの新世界観の生誕の記であったのである。そこで、エンゲルスは、同じ著書の「前言」のなかで次のように語っている。

「それは……新しい世界観の天才的な萌芽が書き記されている最初のドキュメントとして評価しきれないほどの価値をもつものである〔Es sind…unschätzbar als das erste Dokument, worin der geniale Keim der neue weltanschaunng niedergelegt ist.〕」。(4)

「萌芽」、「最初のドキュメント」などに注目して読めば、エンゲルスが考えていることはまさに文字通り一目瞭然である。ここでのエンゲルスによれば、マルクスがもはやフォイエルバッハ主義者としてではなく、本来のマルクスとして登場したのは、ようやく「フォイエルバッハにかんする諸テーゼ」においてなのであり、この覚書きのなかではじめて「新しい世界観の天才的な萌芽」が書き記されたのである。では、このマルクス主義生誕の記念碑的覚書きは何時書かれたのか。エンゲルスは記していないが、今日では、『聖家族』が書かれた時期よりもかなり後の一八四五年の春だとされている。その内容からみて、エンゲルスがそうした事実について は、少なくとも「フォイエルバッハにかんする諸テーゼ」の方が後に書かれたことは、知っていたはずである。では、もしその通りであったとすれば、何故エンゲルスは前に引用したような『聖家族』にかかわる文章を書いたのであろうか。謎は深まるばかりであるが、エンゲルスに直接聞いてみることができない以上、本当のことはわからないと考えなければならないであろう。したがって、未解決の謎を残したままということになるが、時間的な整合性を考えて最初に引用した文章とここで引用した文章から、エンゲルスがマルクス主義誕生の時点を一八四五年春の「フォイエルバッハにかんする諸テーゼ」の執筆時にもとめていたことはたしかだとみなしてもよいであろう。二番目に引用した文章に登場する年数も同じなので、少なくともこの年数についてはエンゲルスはかなりの確信をもっていたとみなしてもよいのではないか。

さて、こうしてマルクス解釈の一つの仮説が提案されたのであるが、これは提案者が、マルクスについてもっともよく知っていたはずだと考えられてきた人物であったが故に、圧倒的な信頼を得てきた。こうした信頼がどのようなところに人々を導きがちであるかは、よく知られている。エンゲルスの仮説は、不幸にして、その典型的な例になったとみなしてもよいであろう。提案されているのが、慎重に吟味されなければならない仮説であることが忘れられ、もはや疑う余地のない確固とした真実であるかのように取り扱われてきたのである。そして、ここでさらに注意しておかなければならないのは、この仮説がマルクス自身によっても支持されていたかのようにしばしば受け取られてきたということである。マルクスについて研究してきたものならば誰もが知っているように、有名な『経済学批判』の「序言」のなかで彼が自分の思想形成過程を顧みつつ、一八四五年の春に彼とエンゲルスが「ドイツ哲学のイデオロギー的見解にたいするわれわれの対立を共同で纏め上げることを、事実上われわれの以前の哲学的意識

[Gewissen] を精算する ［にきまりをつける］ ことを決心した」[5]と語っているのを知っている。このマルクスの文章はもとより「序言」全体の脈絡のなかで理解されなければならないのであるが、しかし、しばしばそれだけが脈絡から外されて、エンゲルスが主張しているように、彼が一八四五年の春に哲学的パラダイムの転換をおこなったと考えていたということの証拠にされてきたのである。たしかに強引に解釈すれば、そのようにも解釈されうるようにみえるので、エンゲルスの仮説はマルクス自身によっても支持されていたように考えられてきたのであるが、この点については後でもう一度もどってくることになるであろう。

さしあたって、ここでさらに思い起こしておかなければならないのは、この仮説が、彼の死後一〇〇年目の今日にいたるまで膨大な量の彼の信奉者たちによって繰り返し唱えられてきて、マルクス主義者によっても非マルクス主義者によってもマルクスの思想形成過程についてのもっとも適切な解釈であるかのように取り扱われてきたということである。このことを確認するには、つい最近までマルクス主義におけるメインの潮流をなしていたスターリン主義の信奉者たちやその多少洗練された諸変種――構造主義や物象化論など――の信奉者たちのマルクス解釈を思い起こしさえすれば十分である。

この仮説のもっている意味は、そのおかげで『独仏年誌』に掲載された二つの画期的な論文や『聖家族』のような既発表のマルクスの諸著作がどのように取り扱われてきたかを思い起こすならば、よくわかる。それらの著作はマルクスの「フォイエルバッハ主義者」時代に属するものとしてその価値が著しく貶められてきたのである。そしてその意味は、マルクスの未発表の研究ノートや草稿が公表されるにつれてますます大きくなってきたといってもよいであろう。若きマルクスが初めてヘーゲル哲学のパラダイムを徹底的に突き崩そうと努めていて、彼における哲学的パラダイムの転換が為されたことがはっきりと示されているヘーゲル国法論批判草稿は一九二七年に、そして新たなパラダイムの全輪郭がくっきりと姿を現した『経済学・哲学草稿』はようやく一九三二年に発表された。これらの著作は新たに形成されたマルクスの哲学的パラダイムを理解するうえでまさに決定的な意義をもつものであったが、しかし、エンゲルスの解釈を受け入れてきた人々によってはそのようなものとしては受け取られてはこなかった。いずれの著作も一八四五年春以前の著作であって、マルクスのフォイエルバッハ主義者の時期のものとして著しく低く評価されてきたのである。こうしてこの仮説のおかげで、一方では、哲学的パラダイムの転換後のマルクスの初期の画期的な哲学的諸著作——それらはまたマルクスの哲学的著作のほとんどすべてでもあった——が貶められ、まともに研究も行われてこなかったのにたいして、他方では、『反デューリング論』や『フォイエルバッハ論』におけるエンゲルスの哲学があたかもマルクスの哲学の適切な解釈であるかのように受け入れられて来たのである。一九三〇年前後からマルクスの未発表諸著作が次々と刊行されたおかげで、彼の新たな哲学的パラダイムの全体がようやく正確に把握されうるようになってきたにもかかわらず、そうした方向での人々の努力は、エンゲルスから始まったマルクス解釈の伝統の力とこの力を支えてきた政治的諸力によって妨げられ、今日にいたるも十分に効を奏してきたとはいえないのである。

二　フォイエルバッハ主義者としてのマルクス

マルクスの思想形成過程についてのエンゲルスの仮説は、先ずは彼自身の記憶に基づく証言に基礎を置いていた。したがって、その仮説が正当であるか否かは、さしあたって彼の証言の信憑性に依存している。そこで、マルクスの青年時代にまで遡って、そもそもエンゲルスの証言がどの程度の裏付けをもっていたのかを検討して行くことにしたい。

先ず第一に注目すべきは、マルクスが『キリスト教の本質』を熱狂的に歓迎し、その結果へーゲル主義者からフォイエルバッハ主義者に移行したと主張されていることである。これは、エンゲルス自身の経験の回顧と重ねられて書かれているので、当事者の証言として特別な真実味が付与されている。しかし、実はこの証言は、立ち入って調べてみるならば、それ自身を除くと他にはまったく裏付けがえられないような、それどころかそれとはっきり矛盾する事実が見出だされるような種類のものであることが、わかってくるのである。
青年マルクスの読者であれば誰もがよく知っていることであるが、一八四〇年から翌年の三月にかけて書かれた学位論文「デモクリトスの自然哲学とエピクロスの自然哲学の差異」は宗教批判的性格をもっていて、この論文が仕上げられた一八四一年三月に書かれた学位論文の「序言」のなかには、すべての天上および地上の神々にたいして人間の自己意識こそが最高の神性をもつものであることを認めせなければならないと主張されている。(6) はやくもこのような結論に到達していたマルクスが、同じ年の六月に出版されたフォイエルバッハの『キリスト教の本質』を読んでどのような反応を示したのかは、ある程度推して知ることができるであろう。実際にそのための有力な手掛かりも残されていないわけではないのである。問題の本が出版されてから一〇箇月も経った一八四二年の三月に書かれた手紙のなかでマルクスは、自分の宗教芸術論の執筆予定を述べつつ、フォイエルバッハの宗教批判について次のように書いている。

「論文そのものにおいて私は宗教の一般的本質について語らなければならないでしょうが、そこで私はある程度［einigermassen］フォイエルバッハと衝突することになるでしょう。といっても、原理にかかわる衝突ではなく、その把握［Fassung］にかかわるものですが。いずれにせよ、そのさい宗教は何もうるわけではありません。」(7)

よく知られているように、フォイエルバッハは『キリスト教の本質』における宗教批判の結論として「人間は人間にとって神である［Homo homini Deus est］」ということを主張していた[8]。これは、この本が出版される少し前にマルクスが明示的に主張していたことと基本的には同一であり、両者はともに宗教にたいして理論的ヒューマニズムを対置させていたのである。したがって、学位論文の「序言」のマルクスと『キリスト教の本質』のフォイエルバッハとは原理の次元では一致していた以上、マルクスが相変わらず学位論文の延長線上で考えていたとすれば、この手紙の執筆時においてマルクスが「原理にかかわる衝突」はありえないと考えていたのは当然だとみなしてもよいであろう。しかし、他方では、宗教批判に決定的な重みを与えていたフォイエルバッハにたいしてマルクスは、同じ年の一一月に書かれた手紙で、「宗教はそれ自体としては無内容で、天によってではなく地によって生きていて、宗教がその理論であるところの転倒した現実とともに自ずから崩壊する」と明確に主張している[9]。したがって、同年の三月段階でも宗教と現実の関係についての把握において、同じヘーゲル主義のもとで考えていたマルクスがはやくもフォイエルバッハの水準を本質的に超えていた可能性は大いにあったとみなしてもよいであろう。そして、もしその通りであるとすれば、この時期にも両者の宗教批判にはかなりの相違が存在し、両者のあいだのそれなりの衝突は避けられなかったはずであるということになり、したがってまた、手紙でマルクスが書いていることも納得ができる話であるということになるであろう。

いずれにせよ、さしあたって大事なことが、そうした見解を表明しているマルクスの文章のどの部分をとってみても、熱狂的な歓迎などを表してはいないということであることはいうまでもない。むしろ、表されているのは、二人が立っている共通の地盤を確認しつつもある程度の衝突を避けられないと考えている冷静な態度である。これは、『キリスト教の本質』が出版されてからすでに一〇箇月も経っていたことの結果であるかも知れないが、しかし、少し前に自分がはっきりと主張していたことと原理的に同一の結論を主張し、しかもなお相違点も含んでいるようなフォイエルバッハの本を読んだ青年の当然の態度表明であると見做した方が一層納得が行くのではないか。

もしその通りであるとすれば、ここからどのような結論が導きだされうるかは、改めていうまでもないであろう。要するに、仮に少し後でマルクスがフォイエルバッハのその他の著作を読んで、改めて彼を高く評価し彼を褒めたたえるような文章を書くことがあったとしても、さしあたってマルクスが『キリスト教の本質』を読んで熱狂的に歓迎し、彼自身もまた束の間フォイエルバッハ主義者になったなどということはありえなかったということであり、そのように主張しているエンゲルスの見解ははっきりと間違いだと断定しなければならないということなのである。

だが、ここまでは筆者の主張する通りで、青年マルクスが『キリスト教の本質』を読んでそれほど熱狂的な歓迎はしなかったし、フォイエルバッハ主義者にもならなかったとしても、しかし一八四三年の春に発表された同じ著者の『哲学改革のための暫定的提言』を読んだ時は、かなり違っていたのではないであろうか。この時点でマルクスはいよいよ束の間フォイエルバッハの信奉者、つまりフォイエルバッハ主義者になったのではないか。この問題を検討するうえで重要な資料は一八四三年三月のルーゲ宛ての手紙(10)であるが、私見によれば、フォイエルバッハの著作を読んでマルクスがいわば眼から鱗が落ちたような気持ちを味わったことは疑いがないのである。おそらくそれによって彼の内部ですでに崩れ始めていたヘーゲル主義的パラダイムが決定的に突き崩され、おかげで彼はこのパラダイムと原理的に袂を分かつことができたのである。筆者は問題の手紙を中心にして詳細に検討したことがあるが(11)、要するに、まさにこの時に青年マルクスにおいて哲学的パラダイムの転換が、哲学革命が起きたのである。では、マルクスはここに至っていよいよ束の間フォイエルバッハ主義者になったのではないであろうか。たしかに彼が、フォイエルバッハが明示的に主張していた限りでのヘーゲル主義批判と彼が新たに提唱していた唯物論にたいして共感を寄せていたことは疑いがない。そしてまた彼は今やフォイエルバッハの宗教批判も適切に理解し以前よりも高く評価していたはずであるが、しかし、同じ手紙をみれば、この問いにたいする答えが肯定的なものでは決してありえないこともただちにわかる。というのは、マルクスはフォイエルバッハが主に自然についてのみ言及し、政治については、つまり市民社会や国家についてはほとんど言及していない点に彼の哲学の限界があることを誤解の余地のない仕方で、しかもきわめて冷静に書いているからである。ここにいたるまでマルクスがフォイエルバッハ主義者になった形跡がなかったとすれば、ここでもまた彼がフォイエルバッハ主義者になったという解釈が成立するような証拠になるものも何もないのである。

三 マルクスにおけるパラダイム転換

トーマス・クーンの有名なパラダイム・チェインジの理論が哲学の領域でも妥当するのが当然であるとすれば、つまりこの領域でも一つのパラダイムを拒否する決断が同時に他のものを受け入れる決断であるとすれば(12)、マルクスは一八四三年春にいったいどのような新しい哲学的パラダイムに移行したのであろうか。それは、私見によれば、まさにマルクス自身の新しい唯物論的世界観であったのであり、この新たなパラダイムは、この春以後マルクスが本格的に取り組んだヘーゲル国法論批判の草稿において明確に表明されていたのである。そしてそれは、一八四三年の秋から翌年の一月にかけてマルクスによって書かれた『独仏年誌』の二論文においていっそう発展させられ、初めて世間に向けて発表されることになるのである。

マルクスにおける哲学革命についてのこのような理解がいかに適切であるかということを筆者はすでに他の場所で詳細に論じたことがあるが、ここでは残念ながら立ち入ることができない。さしあたってここでは、エンゲルスが考えていた時点よりもはるか以前に新しい唯物論的世界観への転換が生じていたことを『ドイツ・イデオロギー』の著者がきわめて明確に論じているので、そこから一節を引用するに止めておかなければならない。この未完の共著の大部分を占めているのはマックス・シュティルナー批判であるが、そのなかでフォイエルバッハの宗教批判の意義とその限界について、それからさらに、この限界がどこで、またどのように超えられたのであるかについて次のような興味深い議論がなされている。

「フォイエルバッハが宗教的世界を、彼自身にあってはなおたんに慣用語［Phrase］としてのみ現れてくるにすぎない地上的世界の幻想［Illusion］として示したことによって、自ずからまたドイツの理論にとってもフォイエルバッハによっては答えられなかった次のような問い、すなわち、人間たちが自分たちにこのような幻想を『吹き込む［真実であるかのように思い込ませる］』ということはどうして起きたのかという問い、が生じたのである。この問いは、ドイツの理論家たちにたいしてさえも唯物論的な、すなわち無前提ではなく、現実的な物質的な諸前提そのものを経験的に観察し、それゆえに初めて現実的に批判的な世界の見方への道を開いた。こうした成り行きは、『独仏年誌』のなかの『ヘーゲル法哲学批判序説』および『ユダヤ人問題によせて』においてすでに予示されていた。こうしたことは当時はまだ哲学的な用語法［Phraseologie］でおこなわれていたので、『人間的本質』、『類』等々のような、ここに伝統的に紛れ込んでいる哲学的な諸表現がドイツの理論家たちに、現実的な発展を誤解し、ここでもまた問題はたんに彼らの着古された理論的上着を新しく裏返すことであるにすぎないと信じるのに好都合な機会を与えた。」(13)

筆者の考えでは、この箇所には基本的にはマルクス自身の見解が表明されているのであるが、しかし『ドイツ・イデオロギー』のその他の多くの箇所と同じくこの点についても問題が残されていないわけではない。しかしここではそうした問題には立ち入らず、もっぱら書かれている内容に注目していくことにしたい。(補注) 引用した一節を虚心に読めば、そこに書かれていることはいたって明瞭で誤解の余地などはまったくないことがわかる。要するに、著者は、マルクスが『独仏年誌』の二つの論文ではすでにフォイエルバッハの限界を超える新しい唯物論的世界観への道を歩み始めていたと主張しているのである。「ユダヤ人問題によせて」とその前に書かれたヘーゲル国法論批判の草稿とのあいだの世界観上の連続性ははっきりしているので、もしもこの草稿が公的に知られていれば、著者が、新しい唯物論的世界観への道がこの草稿のところで早くも開かれていたと書き記したであろうことは疑いがない。興味深いのは、著者が、マルクスがすでに新しい唯物論的パラダイムを開発していたのに、「人間的本質」、「類」などのような当時の流行りの哲学用語が使われているのをみてドイツの理論家たちが、マルクスが依然として古いパラダイムに基づいて考えているのだと誤解したと指摘していることである。著者の考えは明らかであり、彼は、それらの用語はすでに新しい哲学的パラダイムに組み込まれ、したがって新しい意味が付与されていたと主張しているのである。

『ドイツ・イデオロギー』の一節で主張されていたことは、マルクスの思想形成過程について先に筆者が述べたことからすれば、きわめて適切な解釈であるということになるのであるが、しかし、改めて言うまでもなく、この解釈はエンゲルスが提示していたマルクス解釈とは完全に対立している。前にみてきたように、エンゲルスによれば、マルクスは『独仏年誌』の二つの論文の執筆時よりもずっと後の、『ドイツ・イデオロギー』の直前に書かれたとみなされている「フォイエルバッハにかんする諸テーゼ」を書き記した時期になって、つまり一八四五年の春になって初めて新たなパラダイムに移行したのである。

要するに、エンゲルスはその晩年になって（しかもマルクスがもはやこの世の人ではなくなってから)、自分がその共著者の一人になっていた『ドイツ・イデオロギー』におけるマルクスについての解釈を完全に否定することになるような新たなマルクス解釈を提起していたのである。エンゲルスは『フォイエルバッハ論』で新たなマルクス解釈を提示するにあたってこの共著の原稿にも目を通したかのように語っている。もしその通りであったとすれば、エンゲルスは、『ドイツ・イデオロギー』におけるマルクスの解釈を知りながら、はっきりとその解釈を否定するような別な解釈を提起したのだとみなさなければならないであろう。

だが、もしその通りであるとすれば、いったい何故エンゲルスはそのようなことを敢えておこなったのであろうか。エンゲルスに尋ねることができない以上、この問題でも本当のことはわからないということになるが、しかしある程度推理してみることは不可能ではないであろう。『独仏年誌』のマルクスの諸著作を読めば誰しも気付くことであるが、それらの著作で彼は、一方でははやくもフォイエルバッハの限界を超えた唯物論的観点に立ちながら、他方ではフォイエルバッハの宗教批判の結論を生かして最高の存在としての人間についての概念を発展させていた。それは人間についての記述的概念、人間についての知識とは次元が異なる人間についての規範的概念、人間についての理想であるが、これをマルクスはさしあたっては「類」や「人間的本質」などの当時の流行りの哲学的用語を用いて表現していた。マルクスがそのような規範的概念にどれほど重要な役割をあたえていたかは、改めて強調するまでもないであろう。(14)

それにたいして、エンゲルスが発展させた唯物論なるものは、彼の晩年の哲学的諸著作においてくっきりとした輪郭があたえられているように、実証的な知識に力点をおくだけではなく、同時にいっさいの規範的概念を排除するようなあからさまな実証主義的傾向ももっていた。したがって、このような唯物論的観点に立っている以上、エンゲルスは、人間についての規範的概念に重要性をもたせているようなマルクスの議論の内容を唯物論的なものだとは認めることができなかったのではないであろうか。そして、もしその通りであったとすれば、何故エンゲルスが『ドイツ・イデオロギー』におけるマルクス解釈を否定するような解釈を提案したのかということも、納得が行くように思われる。

ところで、エンゲルスはあっさりと『ドイツ・イデオロギー』におけるマルクス解釈を退けてしまったのであるが、しかし、実はこの解釈は、先に引用した『経済学批判』の「序言」におけるマルクス自身の解釈とは一致していたのである。しばしば見過ごされてきた、というよりは十分に注目されてこなかった点であるが、この「序言」でマルクスは、『ライン新聞』時代に自分のヘーゲル主義では処理できなかった市民社会の経済的諸問題や新たに登場してきていた共産主義諸思想の諸問題に悩まされたことを思い起こしながら、この新聞の仕事から完全に身を引いた後に自分が何をおこなったかを次のように述べていたのである。

「私を悩ました疑問を解決するために企てられた最初の仕事は、ヘーゲルの法哲学の批判的修正、すなわち、それについての序言が、一八四四年にパリで刊行された『独仏年誌』において現れた研究であった。[15]」

マルクスはこの文章につづけて、彼が土台—上部構造論の基礎的な命題に到達し、土台としての市民社会の理解のためには経済学の研究が必要であることに気付いたことを述べ、この経済学の研究をパリ、続いてブリュッセルでおこなったことを思い起こした後で、有名な唯物論的歴史観のアウトラインを描き出している。ここから知られるように、マルクスは彼の新しい唯物論的世界観への出発点は、彼が一八四三年の春から始めたヘーゲル法哲学の批判的研究にあったとみなしていたのである。この研究に基づいた『独仏年誌』の彼の諸論文がすでに新たな世界観を表明していたとマルクスが考えていたことは疑いの余地がない。したがって、ここでのマルクスの総括的な確認は、先に見た『ドイツ・イデオロギー』の一節における解釈と完全に符合しているとみなすことができるのである。

ちなみに、このように解釈することができるとすれば、前に触れた、『経済学批判』「序言」における「われわれの以前の哲学的意識を精算する云々」の意味もかなりはっきりしてきているとみなすことができる。つまり、この文章のもとにマルクスが考えていたのは、かつて自分たちも受け入れていたヘーゲル主義的パラダイムにたいして壊滅的な批判を展開するとともに誤解を産みだしかねない従来の用語法を放棄することによって、すでに開発していた新たなパラダイムを一段と発展させるということにほかならなかったのではないか。マルクス自身は一八四五年の春に哲学的パラダイムの転換があったなどとは考えていなかったのであるから、そもそもこの文章をエンゲルスのマルクス解釈を補強するものとして利用するなどということはまったく無理な話であったのではないか。

さて、ここで検討してきたことに間違いがないとすれば、さしあたって、ここからさらにどのような結論を導き出すことができるかは明瞭であろう。要するに、『ドイツ・イデオロギー』におけるマルクスについての議論を無視し、実際には否定したエンゲルスは、今度は後年のマルクスが自分自身について公的に表明した証言までも否定していたのである。したがって、もしマルクスが自分自身の思想形成過程について語っていることが正しいとすれば——筆者の研究によれば、まさにその通りなのであるが——、エンゲルスの仮説は完全に間違っていたということにならざるをえないのである。

先に見てきたように、ヘーゲル主義者であったマルクスが『キリスト教の本質』を読んで一時期フォイエルバッハ主義者になったというエンゲルスの見解は間違った記憶にもとづく間違った証言であったが、今ここで検討してきたように、マルクスが一八四五年春にフォイエルバッハ主義から初めて新しい唯物論的世界観に移行したというエンゲルスの見解も完全に間違っていたということが判明したのである。こうしたことが何を意味しているかは、もはや改めていうまでもないであろう。エンゲルスはマルクスの思想形成過程について誤解し、まったく間違った解釈をおこなっていたのである。

おわりに

エンゲルスの死後一〇〇年以上にわたるマルクス主義の歴史において圧倒的な影響力を保持してきた、マルクスの思想形成過程についてのエンゲルスの解釈は、立ち入って検討してみるならば、とても事実による検証には耐えられない根本的に間違った仮説であることがわかったのである。そして、もしその通りであるとすれば、ここからさらにマルクスの思想全体についてのエンゲルスの理解にも問題があったのではないかと疑ってみざるをえなくなる。実際に彼のマルクス主義哲学の構想は、ここでも簡単に触れてきたように、著しく実証主義的傾向をもち規範的な概念を徹底的に排除していた。その結果、エンゲルスを権威として仰いできたマルクス主義者たちは広義の倫理学を発展させるどころか、そもそも倫理学を成り立たせる枠組みを欠いた本質的な欠陥をもった思想を広めてきたのである。そしてこの思想が、ソ連型社会主義のようなマルクス主義的な社会主義運動における倫理的意識の凋落と深く関係してきたことは疑いがない。しかし、もちろん、こうした問題もまた別の機会に改めて本格的に論じられるべきであろう。

さしあたって、問題はマルクスの思想形成過程についてのエンゲルスの解釈であるが、この解釈の理論的な欠陥は、それが提案されている『フォイエルバッハ論』が発表された時点でもはっきりしていたはずなのである。それが疑う余地のない真実であるかのようにみなされてきたのは、何よりも先ずエンゲルスが保持していた圧倒的な権威のおかげであったことは疑いがない。しかしまた注意すべきは、公表されていて入手可能なマルクスの著作の量が少なかったことも関係していたのではないかということである。したがって、マルクスの思想形成過程において重要な意義をもっていた既発表および未発表の諸著作が入手可能になった一九三〇年前後には、この解釈が検討され間違った仮説として放棄されてもよかったのである。しかし、スターリン時代の開幕にほぼ一致していたこの時期にはエンゲルスの解釈が公認のイデオロギーの一部に編入されていて、その有効性が大いに期待され始めていた。その結果、逆にそれらのマルクスの著作の方が犠牲にされて、エンゲルスの間違った解釈が救われることになったのである。そしてその後のことはよく知られているといってもよいであろう。この間違った解釈は先ずは新旧のスターリン主義、さらにその諸変種、たとえばマルクス主義的構造主義、日本で流行してきた物象化論などの信奉者たちの大合唱のなかで繰り返し歌われてきた。そして、彼らのあいだで特に人気があり、ひときわ大声で歌われてきたそのヴァリエーションが、マルクスが疎外論を克服したというメールヒェンであったことは、いうまでもないであろう。こうした大合唱はマルクス解釈の領域に計り知れないほどの破壊的な影響をおよぼしてきたのであり、今もなお大部分のマルクス研究者たちはこの影響をほとんど克服することができないでいるようにみえる。[16] しかし、ここで挙げたようなスターリン主義とその諸変種はソ連型社会主義にたいして基本的には無批判的な弁護論を展開してきて、その不様な自己崩壊に手を貸してきた。その結果として、この崩壊後スターリン主義は完全にその信用が失墜し脇に投げ捨てられてきている。したがって、必ずしもスターリン主義が理論的に克服されてきたのではないので問題がないわけではないが、しかしともかくも、今やエンゲルス説を退けてより一層適切なマルクス解釈を発展させるには好都合な状況が生じているとみなしてもよいであろう。たしかに、これによってマルクス主義が直面している問題のすべてが解決されるわけではないことはいうまでもない。しかし、適切なマルクス解釈がそれらの問題の解決のための重要な必要条件の一つであることは疑いがないであろう。あまりにも遅れてしまったが、それでもまだ次のような格言が妥当性をもちうるのではないか。「過ちては改むるに憚ることなかれ。」

註

（1）詳細な検討は今後の課題であるが、筆者はエンゲルスのマルクス主義哲学の構想のもっとも基本的な論点についてはすでに次の論文で批判的に検討している。「フォイエルバッハと若きマルクス」「立正大学人文科学研究所年報」第一四号、一九七七年。「マルクスと宗教批判」、江川義忠編「哲学と宗教」所収、理想社、一九八三年。

（2）Friedrich Engels:Ludwig Feuerbach und der Ausgang der klassischen deutschen Philosophie. In:Marx/Engels Werke. Bd. 21,S. 277

（3）Ebenda,S. 290

（4）Ebenda,S. 264

（5）Karl Marx:Zur Kritik der politischen Ökonomie. In:Marx/Engels Werke. Bd. 13. S. 10

（6）Karl Marx:Diffrenz der demokratischen und epkurereischen Naturphilosophie. Vorrede. In: Marx Engels Gesamtausgabe. I-1-Bd. 1,S. 14

（7）Marx an Arnold Ruge. In:Marx/Engels Werke. Bd. 27,S. 401.

（8）Ludwig Feuerbach:Das Wesen des Christentums. In : L.Feuerbach Gesammelte Werke. Bd. 5, S. 444.

（9）K.Marx an Arnold Ruge. In:Marx/Engels Werke. Bd. 27,S. 412.

（10）Ebenda.S. 416.

（11）拙者『初期マルクスの批判哲学』第一二章参照、時潮社、一九八六年。

（12）トーマス・クーン『科学革命の構造』第八章参照、中山茂訳、みすず書房。
（13）K.Marx/F.Engels:Die deutsche Ideologie. In:Marx/Engels Werke. Bd. 3,S. 217-8.
（14）ミハイロ・マルコヴィチははやくからマルクスにおける人間の規範的概念に注目し、この概念を発展させようと努めてきた。例えば彼の著書『コンテンポラリィ・マルクス』の第三章参照、市川達人、佐藤春吉、森尾直康、岩淵慶一訳、亜紀書房。
（15）Karl Marx:Zur Kritikk der politischen Ökonomie. a. a. O. S. 8.
（16）こうした問題にかんする筆者の見解については小論文「『経済学・哲学草稿』と現代」参照、『唯物論』六八号所収。また同号所収の田上孝一「『経済学・哲学草稿』の運命」も参照せよ。

（補注）

注（13）の「ドイツ・イデオロギー』の一節については拙稿「マルクスの疎外概念とマルクス主義」（『現代の理論』一九七三年四月号）参照。この論文にたいしては廣松渉氏の詳細な批判がある。この反批判にたいする私の批判は（ヴァイデマイヤー添削説にたいする批判も含めて）「疎外論超克説批判」（『現代の理論』一九七五年五月号）において展開されている。（これらの論文はすべて『神話と真実——マルクス疎外論をめぐって』に収録されている。）

Ⅱ　マルクス『経済学・哲学草稿』の研究

日本における『経済学・哲学草稿』の研究

はじめに

マルクスによって『経済学・哲学草稿』（以下、『草稿』）が書かれたのは一八四四年であったが、この草稿は彼のその他の数多くの草稿とともに長い間寝かされてきて、原文が発表されたのは書かれてから一世紀近くも経った一九三二年になってからであった。したがって、この著作の研究の歴史もこの年から始まるのであるが、しかし、その重要性を考えれば奇妙なことに、この著作は発表後国際的にも一九五〇年代後半にいたるまでのおよそ四半世紀以上ものあいだ反響らしい反響をほとんど見出してこなかった。こうした謎めいた事実は、その翻訳がいちはやく出現した日本においてもはっきりと確認できる。そして、さらに興味深い事実は、日本でも一九五〇年代後半からは『草稿』が非常に頻繁に取り上げられてきたのであるが、しかしその研究が必ずしも発展させられてきたとはいえないということである。その結果、日本における『草稿』研究は、その発表以来七〇年以上も経過した今もなおけっして芳しいものではないどころか、むしろかなり惨憺たる状態にあるといってもけっして過言ではないであろう。いったい何故このようなことになってしまったのであろうか。

少しでも歴史を振り返ってみれば、研究の外的環境に障害物があったとは考えられないことがわかってくる。したがって、障害物は研究の内的条件の方にあったと考えなければならないであろう。いったい『草稿』研究を妨げて来たのは何であったのか。この妨害物に目を向け、この妨害物を取り除かないかぎり、その研究の進展は望めなかったのではないか。

これが、その翻訳出版以来七〇年以上も経過した日本における『草稿』研究の教訓にほかならない。そこで、ここでは、以下、先ず最初に日本における『草稿』研究の歴史を顧みてみて、何処にどのような問題があったのかをはっきりさせておきたい。

一 第二次世界大戦以前の日本における『草稿』研究

よく知られているように、欧米に比べて日本におけるマルクス主義研究はかなり遅れて開始された。マルクスとエンゲルスの『共産党宣言』とエンゲルスの『空想から科学へ』が例外的に早く一九〇四年と一九〇六年に翻訳紹介されているが、しかしそれ以外のマルクスやエンゲルスの諸著作が翻訳出版されたのはロシア革命後の一九二〇年代になってからであった。マルクスの『資本論』は一九二〇―一九二四年、『哲学の貧困』、『独仏年誌』の二論文はそれぞれ一九二四年、一九二三―二五年に、またエンゲルスの『フォイエルバッハ論』、『反デューリング論』はそれぞれ一九二五年、一九二七年に、二人の共著『聖家族』は一九二三年に翻訳出版されている。さらに、『ドイツ・イデオロギー』第一編第一章「フォイエルバッハ」の原文が一九二七年に発表されたが、この著作は早くもその年の内に翻訳出版された。ここから、日本におけるマルクス主義研究は、ソ連や西欧諸国などに比べれば後発的であったが、それでも一九二〇年代には研究が本格的におこなわれるための条件が急速に整備されていたことがわかる。そしてこの時期に、ソ連のマルクス＝エンゲルス研究所から『マルクス＝エンゲルス全集』が刊行され始め、それが日本でもただちに順次翻訳出版されている。その結果一九二八年には誰もがマルクスの学位論文、『ライン新聞』時代の彼の諸論説などとともに『ヘーゲル国法論批判』なども読むことができたのであるが、当面の私たちにとって大事なことは、この全集翻訳刊行のおかげで、『マルクス＝エンゲルス全集』第一部第三巻が出版された一九三二年には問題の『草稿』の翻訳が、何故か二つの巻に分けられていたが、ともかくも全文発表されたということである。横川次郎訳「ヘーゲル弁証法および哲学一般の批判」、豊島義作訳「経済学に関する手稿［第一草稿「労賃」］」が二六巻に、豊島義作訳「経済学に関する手稿［「労賃」以外の第一草稿のすべての部分、第二草稿、第三草稿］および「『経済学及び哲学に関する手稿』序文」が二七巻に収められていた。

これがどれほど注目に値する出来事であったかは、この『草稿』が初めてロシア語に翻訳されたのが一九五九年であったことを思い起こすだけでも、、英語に翻訳されたのが一九五六年、明らかであろう。その他の諸著作も大急ぎで翻訳が進められていたので、マルクス主義研究では遅れて出発した日本も少なくともその条件整備の点ではいわば一躍先進国の仲間入りをしたのである。それでは、誰もが接近できるようになったこの著作はどのように取り扱われたのであろうか。

一九二〇年代の後半には共産党に対する大規模な弾圧がおこなわれ政治的および思想的反動が強められていたが、しかしまさに同じ時期にそうした反動攻勢に抗してマルクス主義的な研究者たちの活動も活発におこなわれるようになっていた。一九二九年には主にマルクス主義的な研究者たちが結集して「プロレタリア科学研究所」が、そして一九三二年にはマルクス主義的な哲学者たちを組織した「唯物論研究会」がつくられている。この後者については、日本帝国主義の満州侵略が開始されるとともにいっそう強化された反動の時代にあってほとんど唯一の進歩的な研究者集団を代表していたと評されてきた。この研究会は、一九三七年に日本帝国主義の全面的な中国侵略が開始された翌年には政府の弾圧によって消滅させられるが、それまでの六年間に七〇冊をこえる機関誌や、二〇世紀前半の百科全書ともみなされるべき五〇冊にもおよぶ研究双書を刊行している。ここには犯罪的な侵略戦争の時代に弾圧に耐えつつ日本のマルクス主義研究者たちがどれほど精力的に理論的活動を展開していたかが示されていたのであるが、当面の私たちにとっての問題は、この過程で、唯物論研究会誕生の年に出版された『草稿』がどのような反響を見出したのかということである。

この著作を読めば、そこでマルクスが初めて本格的な資本主義批判を開始し、この資本主義を超える新たな独自な共産主義の構想を提起していたことは、したがって、この著作がマルクス主義の歴史にとってどれほど画期的なものであったかということも、まさに一目瞭然であったはずである。したがって、マルクス主義的な研究者の理論的な活動が活発におこなわれていた発表後の数年間にそれなりの大きな反応があっても当然であった。ところがである、信じられないようなことであるが、この著作は唯物論研究会の消滅の年にいたるまで本当にかすかな反響しか見出すことができず、ほとんどまったく無視され続けたのである。

後にまとめて復刻出版された機関誌『唯物論研究』を開いてみれば明らかであるが、大いに反響を見出していたのは、先に挙げておいたエンゲルスの哲学的な諸著作（それらに一九二九年に翻訳された『自然弁証法』もつけくわえられる）であり、一九二七年以来何度も改訳されたレーニンの『唯物論と経験批判論』、一九三一―三年に原文付きで出された彼の『哲学ノート』であり、さらにソ連の哲学者たちによって練り上げられた弁証法的唯物論および史的唯物論であった。そして人気があったテーマは哲学のレーニン的段階、レーニン的反映論、認識論と論理学と弁証法の関係、哲学の党派性、自然の弁証法等々であった。ここから知られるように、研究者たちが受け入れ自分たちのものにしていたのはエンゲルスから始まる伝統的マルクス主義であり、それを継承しその単純化、図式化を推し進めていたソ連の哲学者たちのマルクス・レーニン主義であった。このソ連製のマルクス主義哲学は、一九三〇年代の初めからスターリンの影響が大きくなっていたので、スターリン主義哲学とも呼ばれてきたが、この哲学的パラダイムが研究者たちを強力にとらえていたことは疑いがない。このパラダイムの下で仕事をしていた研究者たちは初期マルクスの著作では、エンゲルスとの共著『ドイツ・イデオロギー』には触れることはあっても、『草稿』に言及したりこの著作の中枢概念の「疎外」について論じたりすることはほとんどまったくなかったのである。

日本のマルクス主義的な研究者たちは、ロシア革命とソ連にたいする深い信頼の感情から少しも疑うことなく伝統的マルクス主義とスターリン主義を受容していたのであるが、同時に、新たに発表されたマルクスの『草稿』にはほとんどまったく注意を払わなかったのである。『草稿』が早々と翻訳されたにもかかわらず、何故このようなことになったのであろうか。

『草稿』前後のマルクスの諸著作も重要なものはすでに翻訳されていたし、この著作の研究だけが当局によって特別に目の敵にされていたなどということもなかったはずである。したがって、この著作が取り上げられなかった理由が何らかの外的な障害物にあったわけではないことは明白である。それでは、一体その他のどのような障害物があったとみなされうるのであろうか。それは、彼らが受け入れていたマルクス主義、すなわち伝統的マルクス主義とそれをカリカチュア化したスターリン主義以外ではありえなかったはずである。この伝統的マルクス主義がエンゲルスの圧倒的な影響下で形成されたことはよく知られている。そしてこのエンゲルスは、彼の『フォイエルバッハ論』のなかで、マルクスもフォイエルバッハの『キリスト教の本質』（一八四一年）を熱狂的に迎えて束の間「フォイエルバッハ主義者（Feuerbachianer）」になったと記し、マルクスによって一八四五年春に書かれたとみなされている「フォイエルバッハにかんする諸テーゼ」について「新しい世界観の天才的な萌芽が記録されている最初の文書（das erste Dokument,worin der geniale Keim der neuen Weltanschaunng niedergelegt ist）」だと特徴づけていた（Friedlich Engels:Ludwig Feuerbach und der Ausgang der klassische deutschen Philosophie. Marx/Engels Werke. Bd. 21, S. 272）。こうした主張が適切なものであるか否かについては改めて検討しなければならないが、ともかくもここから論理的に導き出されうる結論がどのようなものであらざるをえないかは明らかである。要するに、『キリスト教の本質』を読んでから一八四五年春までのマルクスの諸著作は、したがってまた『経済学・哲学草稿』も、彼がまだ「フォイエルバッハ主義者」であって本来のマルクスになっていなかった時期のものであり、「新しい世界観の天才的な萌芽」が現れる前のもの、したがってまだ「新しい世界観」は記されているはずがないものでしかなかったということである。

マルクス死後のマルクス主義者たちのあいだでエンゲルスの権威は圧倒的であったが、まさにこの権威によって、『経済学・哲学草稿』はいわば日の目を見ると同時に、まだ本来のマルクスのものではなく、「フォイエルバッハ主義者」としてのマルクスのものであったというレッテルを貼られていたのである。マルクス主義研究において後発国であった日本の研究者たちにとってこのレッテルが最高の権威による封印としての重みをもっていたことは間違いないであろう。彼らは、このエンゲルスから始まりプレハーノフやレーニンによって発展させられた伝統的マルクス主義を受け入れ、その延長線上で生成していたスターリン主義を輸入していたので、それだけいっそうこの封印を破るようなところにまでは進むことなどはできなかったのである。

こうして日本でも、その他の諸国におけると同様に、マルクス主義的な研究者たちによって新しい古典『草稿』はほとんどまったく無視されたのであるが、しかし彼らも自分たちが受け入れていたマルクス主義と『草稿』との関係についてまだ明確な意識はもっていなかったと考えてもよいであろう。おそらくその結果であったとみなしてもよいであろう、彼らのなかには、スターリン主義を全面的に受け入れながら、同時に『草稿』の中心思想を受け入れて生かそうとしていたものもいたのである。その結果、本当に例外的であったのであるが、ともかくも彼らのあいだでも『草稿』が微かな反響を見出すことができることになったのである。

第二次大戦前の唯物論研究会のもっとも優れた研究者の一人であった古在由重は一九三六年に、この組織の機関誌ではない学術雑誌に「ヒューマニズムの発展」という論文を寄稿し、そこで『草稿』に直接言及していたわけではないが、この『草稿』も含むマルクスの初期の諸著作をふまえながら、「ヒューマニズムの要求を人間の自己疎外の揚棄として特徴づけうる」と主張し、ゴーリキーを引き合いに出して次のように書いている。

「ゴーリキーがヒューマニズムをいうとき、まずそれは各個人における人間的自己疎外の克服の過程および成果を指示したのであろう。しかし、同時にそれは、この過程および成果が今やもっとも広範な勤労大衆をとらえたことを意味しているはずである。……かくてそれは、人間の自己疎外が内包的にも外延的にも克服されてきたところの段階を示しているとみられる。かくのごとき生活実践および生活意識の発展段階に、新しいヒューマニズムの名はあたえられるであろう。」(『古在由重著作集』、第二巻、九一ページ)

一九三〇年代の半ばに書かれたこの文章は、発表されて間もない『草稿』の中枢的概念についてそれなりに適切な解釈をしていた研究者がいたことを、したがって、日本においてもヨーロッパ諸国におけると同様に『草稿』が早くから僅かではあってもともかく反響を見出していたということを示している。したがって、この文章の著者は初めてマルクスの疎外概念の受容を試みた先駆者の一人として高く評価されなければならないのであるが、しかし、それにしても、この著者は彼が受け入れた『草稿』の思想にどの程度の重みを与えていたのであろうか。

興味深いのは、この文章を発表した時期に古在は、それらによって彼が日本の代表的な唯物論哲学者として評判を獲得することになった諸論文や諸著書を書いていたのであるが、それらの論文や著書には疎外概念を登場させていなかったということである。それらの論文や著書を貫いていた思想は、エンゲルスから始まった伝統的マルクス主義、さらにこれをカリカチュア化させた、そして当時ソ連から輸入され古在たちのあいだでしっかりと定着させられていた特殊なマルクス主義、すなわちスターリン主義であったが、この哲学と『草稿』の思想とは原理的に相容れず、この哲学にはマルクスの疎外概念が受容される余地がなかったのである。したがって、古在は『草稿』の思想に原理的にはほとんどまったく重みを与えていなかったとみなすのが妥当だということにならざるをえないであろう。おそらくその通りなのであるが、しかし古在は、ここで引用したような思想をその後も時々表明している。彼の頭のなかには二つの哲学的基軸があり、一方が圧倒的に強力であったのであるが、しかしそれでも他方を抹殺することはできず共存を許していたということであろうか。

さて、この古在をほとんど唯一の例外として、第二次大戦以前の日本のマルクス主義的な研究者たちのところでは『草稿』とその基本概念が受け入れられるどころか、そもそもまともに取り上げられることもなく放っておかれたのである。この事実から私たちが考えることができるのは、疎外論を中心に据えたマルクスの『草稿』の時期の思想は「フォイエルバッハ主義者」のものであって、やがて本来のマルクスによって克服されてしまったという仮説——これはマルクス疎外論超克説（以下、たんに「疎外論超克説」）と呼ばれるべきであろう——が早くもマルクスマルクス主義的な研究者たちに暗黙のうちに共有されていたということであろう——が早くも研究者たちは早々と疎外論超克説を、つまり生まれたばかりでまだ黙示的なものに留められていたそれを自分のものにしていたということである。そして、このような状態が続いて『草稿』が放っておかれているうちに、一九三八年には弾圧によって唯物論研究会も消滅させられ、ソ連製マルクス主義に基づいておこなわれてきたあらゆる研究が不可能になってしまうのであるが、同時にもともと無視されていた『草稿』の研究が開始される余地などもまったくなかったことは改めていうまでもない。

二　第二次世界大戦後の『草稿』研究

唯物論研究会の抹殺後日本帝国主義が犯罪的で野蛮な中国侵略戦争をさらに拡大して行くとともに無謀な対米太平洋戦争に突入し本格的な破滅への道を辿るが、やがて一九四五年八月には無様な敗北を喫したことなどはよく知られている。その後アメリカ軍の占領統治下で日本は経済、政治、文化のすべての領域で大変動を経験するのであるが、その過程で労働運動および社会主義運動が急速に高揚するとともに、マルクス主義にたいする需要も増大し、マルクス主義の研究も活発におこなわれるようになった。それでは、そうした新しい流れのなかでマルクスの『草稿』の研究も大いに進められるようになったのであろうか。

戦後自由な研究と言論が可能になるや否や旧唯物論研究会のメンバーなどが中心になってマルクス主義の研究と普及の活動が精力的におこなわれるようになったのであるが、この問いにたいする答えは非常にはっきりしていて、否であったのである。『草稿』研究は発展させられるどころか、この著作がまともに取り上げられることさえもなかったといってもよいであろう。この時期の日本のマルクス主義にたいして決定的ともいうべき影響力を発揮したのは、『ソ連共産党小史』の一章として一九三八年に発表されていたスターリンの『弁証法的唯物論と史的唯物論について』であった。これは、すでに戦前の唯物論研究会によって輸入され受容されていたソ連製マルクス主義哲学をさらにいっそう単純化したものでしかなかったが、しかしスターリンの神話的権威の後光のおかげで日本では宣伝広告の通りに最初から「マルクス主義哲学の最初の体系的著作」、「マルクス＝レーニン主義哲学思想の最高峰」として崇め奉られ、その後一九五〇年代の後半にいたるまで圧倒的多数のマルクス主義者の思考を呪縛することになったのである。このスターリン主義のバイブルにはもちろんマルクスの『草稿』は登場しないし、「疎外」も「疎外の止揚」も登場しない。そもそもまったく登場する余地もなかったのである。したがって、『草稿』研究という観点からみれば、以前から存在していた災いがさらにいっそう大きくなったのだといってもよいであろう。実際に、前節でみてきた黙示的なマルクス疎外論超克説がいっそう強い力をもつにいたったことは間違いない。

こうした状況の中での数少ない例外の一つとして注目に値するのは、一九四九年に出版された田中吉六『史的唯物論の成立』であった。この本の中で著者は、当時圧倒的に優勢であったスターリン主義に抗して『草稿』の本格的な研究を開始し、この著書の中心的な諸思想についての理解を深めるとともに、それらの諸思想が『資本論』などの後期マルクスにおいても放棄されるどころか、いっそう発展させられていたことを非常に適切に認めていた。たしかにこの本も時代の産物であって、疎外概念も含めてマルクスの基本的な諸概念の理解にはさまざまな問題があって、そのまま受け入れられうるようなものではなかったが、しかし、それにもかかわらず、『草稿』などが活発に研究されるようになる数年前にはやくも疎外概念などに注目しその研究を発展させようと努めていたことは、高く評価されなければならないであろう。問題は、この方向が文字通り例外的なものに留められ、マルクス主義とマルクス研究の主要な潮流は完全にスターリン主義によって彩られてしまっていたということである。こうした不幸な事実は、スターリン批判の直前の一九五五年に『草稿』の第二回目の翻訳が出されているが、しかしそれは『マルクス＝エンゲルス選集』の補巻のなかに収められていて影も薄く、おそらく少しも反響を呼ばなかったのではないであろうか。

こうした状況を根本的に変えたのは一九五九年のソ連におけるスターリン批判であった。この批判は、スターリン時代の諸悪の根源をスターリンの個人的な性格と彼にたいする「個人崇拝」に求めるなどという大きな限界をもっていたが、しかしスターリンの神話的権威を失墜させ、スターリン時代の悲惨な現実に光を当てたことによってソ連の歴史はもとより社会主義運動全体にたいしても深刻な影響をおよぼすことになった。そして、私たちにとって重要なことは、マルクス主義の理論的活動の諸領域においてもスターリンの権威が決定的に地に堕ちたということである。スターリンの諸著作のバイブル扱いが終わったのであるが、当然のことながら先行のマルクス主義の古典家たちにたいする態度にも変化がもたらされ、マルクスの権威が相対的に上昇し、彼の草稿類までもが読まれるようになってくる。これはさまざまな国でみられた変化であったが、日本においても同様で、マルクスにたいする関心が増大したことを背景にして彼とエンゲルスの諸著作、さらにマルクスの草稿類も本格的に翻訳されるようになった。

一九五六年から刊行されていた『マルクス＝エンゲルス全集』(Marx＝Engels Werke) が一九五九年から順次翻訳出版されるようになり、すでに一九五五年に新訳が出版されていた『草稿』がさらに一九六二、一九六三、一九六四年にそれぞれ異なった訳者によって翻訳出版されている。そして、その原文が一九三九、一九四一年に発表されていた『経済学批判要綱』の全体が一九五八〜一九六五年に諸外国に先駆けて翻訳出版されている。ちなみに、この最後の著作の全文が英訳されたのはようやく一九七三年であった。こうしてマルクスの諸著作の翻訳が進められるとともに、ハンガリーの有名なマルクス主義者ジェルジ・ルカーチのヘーゲルやマルクスについての研究書〔『歴史と階級意識』にたいする自己批判が生かされている『若きヘーゲル』や『若きマルクス』など〕がいちはやく紹介あるいは翻訳されたり、マルクス解釈においても優れた洞察力を示し、英語圏で『草稿』を広めるのに貢献してきたエーリッヒ・フロムの諸著作が翻訳されたこともあって、『草稿』とその中心概念についての適切な理解も広められるようになってくる。さらにポーランド、ハンガリーなどの優れたマルクス主義者たちの業績なども紹介されたが、おそらく日本のマルクス主義者に真に教えるところが多かったのは、ユーゴスラヴィアのマルクス主義者たちの業績であった。彼らは、たんに『草稿』についても模範的な理解を示していただけではなく、ソ連型社会主義とそのイデオロギーにたいする批判もはやくから展開し、新たなマルクス解釈に基づいてマルクス主義のパラダイムの転換をはかり、マルクス主義を時代の高みに引き上げるうえで大いに貢献したのである。今日から振り返ってみると、マルクスについての理解に本当に新しいものがもたらされたのはユーゴスラヴィアなどの東ヨーロッパ諸国のマルクス主義者たちによってであったといってもけっして過言ではないように思われる。注意すべきは、同じ時期に日本の知識人の西ヨーロッパ崇拝のおかげでフランスその他の諸国のさまざまな学者の業績も輸入されたが、それらの輸入品には、すぐ後でみるフランス人の例に代表されているような粗悪なものも少なくなく、とりわけマルクスの疎外概念をヘーゲルの概念にまで引き下げるような間違った解釈（ジャン・イポリット、アルフレート・クレラなど）などが日本の研究者たちを著しく汚染してきたということである。

こうしてスターリン批判後マルクスの重要な諸文献が翻訳出版され諸外国の研究文献なども大いに輸入されたりしたのであるが、この過程で日本の研究者たちの議論も次第に活発になってきて、いよいよ本格的な『草稿』研究も発展させられ、マルクス主義も改善されるようになるのでないかと思われるところまできた。しかし、かつて『草稿』がいちはやく翻訳されたにもかかわらず少しも研究がおこなわれてこなかったように、ここでもまた、研究の諸条件が整っても研究そのものが捗るとはかぎらないことが示されたということであろうか。まさにスターリン主義の危機とマルクス主義の革新の時期に、いちはやく現れてきわめて大きな影響力を発揮してきたのは、いわばマルクス主義内の保守的および反動的諸潮流で、それらがせっかくのマルクス主義の革新のチャンスを台なしにし、『草稿』研究にもブレーキをかけ、結局はこの研究に停滞と退化をもたらすことになるのである。

そのプロトタイプは、早くからスターリン主義の祖国ソ連の学者たちによって提供されてきた。すでに指摘しておいたように、その原文が一九三二年に発表された『草稿』がロシア語で翻訳出版されたのはスターリンが批判された一九五六年になってからであった。マルクスの思想とその形成過程を理解するうえでこよなく重要な意義をもつことが一目瞭然であるような著作が二四年ものあいだ翻訳されなかったということは、スターリン時代に『草稿』が、否、そもそもマルクスがどのようにみられていたかを如実に示している。ついでながら、これもすでに指摘してきたが、『草稿』の英語訳が現れたのはようやく一九五九年になってからあったことも忘れられてはならないであろう。まさにこうしたところにソ連におけると同様に欧米諸国においてもスターリン主義の支配がどれほど強力であったか、そしてマルクスにたいする、特に初期のマルクスにたいする関心がどれほど低かったかが象徴的に示されているといっても過言ではないであろう。ソ連製のものだけではなく欧米製のマルクス研究文献にもご用心！

スターリンの神話的権威の失墜はソ連においても当然のことながらこれまで支配的であった本来のスターリン主義に危機をもたらしたのであるが、この危機は、これまでのスターリン主義からスターリン個人に関わりがあったものをできるだけ払拭することによって、つまりスターリン抜きのスターリン主義、新スターリン主義としか名付けようがないような思想に急速に移行することによって回避された。この変化を示していたのが『マルクス主義哲学の基礎』(一九五八年)、『マルクス・レーニン主義の基礎』(一九六〇年)などであったが、それらの著作には『草稿』の概念が登場していないし、また登場する余地もなかった。したがって、実質的に疎外論超克説が採用されていたのであるが、しかし、同じ時期に出された世界哲学史のテキストのマルクスの部分『哲学史』第三巻にはくっきりとこの超克説が姿を現していた(この部分はこの時期以後のソ連哲学界を代表することになるテ・イ・オイゼルマンによって書かれている)。たしかにそれは、これまで黙示的であったものが明示化されただけのことであったが、その後に現れてくる疎外論超克説すべてに共通する模範を提供していたのである。

まず最初に注意すべきは、この哲学史の著者が一九世紀の四〇年代から九〇年代までの時期の哲学史について総括し、次のように記していたことである。

「この時期は、人類の思想の発展において、何よりも先ず、哲学における革命的変革によって特徴づけられている。その革命的変革とはマルクス主義の発生であって、哲学とすべての社会科学の歴史における新しい時代を創始するものであった。マルクスとエンゲルスによる弁証法的唯物論と史的唯物論の創造、世界のさまざまな国でのその普及とよりいっそうの発展は、人類の哲学の発展における巨大な前進的飛躍であり、唯物論と観念論との、弁証法と形而上学との全哲学史に属する闘争をより高い科学的水準へと高めるものであった。」(ソ連科学アカデミー哲学研究所編『世界哲学史』第五巻、一ページ)

スターリン時代以来ソ連の哲学事典や哲学教科書などにくりかえされてきた見解であるが、これによれば、マルクスとエンゲルスによる新しい哲学の創造とは、要するにスターリン主義的に解釈されたマルクス主義の創造にほかならなかったのである。このような観点からみれば、十九世紀の四〇年代前半のマルクスの諸思想などがすべてそこにいたる未熟な、過渡的なもの、当然どこかで捨て去られるものということにならざるをえないのは当然である。こうして『経済学・哲学草稿』の中心概念は次のように特徴づけられることになったのである。

「『疎外』という用語は、周知のように、ヘーゲルとフォイエルバッハによって用いられた。……マルクスは、疎外とその克服の方法とについてのヘーゲル的理解とフォイエルバッハ的理解とをともに深く唯物論的に批判した。……だが、この草稿でマルクスが用いている疎外という概念は、この概念が意味するところの社会的歴史的発展の客観的過程を十分にふさわしく表現したものではない、ということを考慮に入れておかなければならない。この時代にマルクスはまだフォイエルバッハの人間学の影響を完全には克服していないので、その結果、彼が定式化した史的唯物論と科学的社会主義の諸命題は、成熟したマルクス主義にふさわしくない用語で表されている。」（同上、四一ページ）

『草稿』の中心概念は当時の彼のその他の諸概念と同様にフォイエルバッハの哲学の影響下にあって「成熟したマルクス」に相応しいものではなかったというわけである。ここから導き出されうる結論がどのようなものであらざるをえないかは明らかである。要するに、初期のマルクスの疎外概念は彼の思想が成熟するにつれて克服され放棄された、ということ以外ではありえない。それでは、マルクスはどこでこの概念と訣別したとみなされるのか。ここで引用してきた文章の著者はマルクスの思想形成過程を詳細に検討して、この問題にたいして一八四〇年代半ばの『ドイツ・イデオロギー』だと答えている。彼は、ヨーロッパの学者たちのように粗雑にではなく、後期のマルクスが疎外概念を用いていたことを考慮しながらも、しかしこの概念がもはや中心的な役割を与えられていたのではなく、「たんに付随的に」、つまりたんに偶然的に、補足的に使われていたにすぎなかったと主張し、後期においてはこの概念にかわって「生産様式」「生産諸力」「生産諸関係」「階級闘争」等々の、経済的社会構成体とその歴史にかんする理論を構成する諸概念が中心的位置を占めて行ったのだと主張していたのである。

こうして、スターリン権威失墜からまもない一九五〇年代後半にマルクス疎外論超克説がその姿をくっきりと現したのであるが、これが伝統的マルクス主義やそれをカリカチュア化したスターリン主義の支持者たちから拍手喝采をもって迎えられたことはいうまでもない。このソ連製の疎外論超克説が旧社会主義圏で広範に広められ、東西ヨーロッパ諸国から中国、ベトナムなどにいたるまでのいたるところで同じ歌詞が声高に歌われた。そして、日本でも早速輸入されマルクスの研究者たちによって大歓迎されたことはいうまでもない。日本ではスターリン批判後には、まず最初に新スターリン主義の体系的テキストが輸入されこれが広範に定着させられていたのであるが、それとセットでさっそく同じソ連製の疎外論超克説も輸入され広められることになったわけである。オイゼルマンのような解釈は受け入れやすかったので、満足をもって迎えられ、さっそく日本人の著者による同じような議論が繰り返されることになった。多数の論文が書かれ、何冊かの著書も出されたのであるが、内容はいずれも似たり寄ったりのものであった。それらはマルクス研究についても『草稿』研究についても何も新しいアイデアをもたらしたわけではなかったが、しかしマルクスと『草稿』についての従来からの研究の障害物の量を増大させ、疎外論超克説を広め、人々をマルクスから遠ざけ『草稿』から遠ざけることでは多いに貢献したことはたしかであったように思われる。

ソ連製のオイゼルマンの疎外論超克説は疎外論受容気運にたいするスターリン主義的反動であったが、同じようなタイプの反動はその他の諸国においてもさまざまな仕方で登場している。それらのうちでも日本に輸入され特別に人気があったのはフランス製の変種であった。そこで、次に日本でもかなりの影響をあたえてきたこのもう一つの疎外論超克説もみておかなければならない。

その制作者はルイ・アルチュセールであったが、彼が本国で、ソ連製超克説が世界中にばらまかれてから数年後の一九六五年に出版した『マルクスのために』は一九六八年には日本でも翻訳され多数の読者を見出した。おそらくフランスのマルクス研究の水準に関係があったのであろう、アルチュセールのマルクス研究はほとんどデタラメな戯言であったといってもよいのであるが、この人物によれば、マルクスの思想は一八四五年の「認識論的切断」によって大きく二つの時期にわけられる。そして、『経済学・哲学草稿』も含む一八四二年から一八四五年までのマルクスの諸著作は「フォイエルバッハの人間学的問題意識に基づいていた」、あるいは彼の「『共同体的』ヒューマニズムという新型式のヒューマニズム」に基づいていたのであるが、まさにこのヒューマニズムとマルクスは一八四五年に訣別したのである。彼は次のように書き記していた。

「この『認識論上の切断』はマルクスの思想を、大きく二つの重要な時期に分ける。一八四五年の切断に先立つ、いまだに『観念論的な』時期と、一八四五年の切断に続く『科学の』時期である。この第二の時期はそれ自身二つの段階に分けられる。……一八四五年の時期のテキストを『切断期の著作』という新たな呼び方をしたい。」（アルチュセール『甦るマルクス』1、四〇ページ）

たしかにここでは多少洒落た表現も採用され新しい趣向も凝らされているが、しかし新しさはそこまでで この主張の内実がすでソ連で製作され世界中にばらまかれていたスターリン主義的疎外論超克説にほかならないことは一目瞭然であろう。したがって、新旧のスターリン主義に馴染みやすかったので、この変種はマルクスについての教養不足のヨーロッパのスターリン主義者たちのところで流行したが、日本でも輸入業者が大いに活躍し、スターリン主義的でパリ製に弱い知識人たちのところで持て囃されてきた。少し後でアルチュセールは批判されて自己批判し、マルクスの転換点を『資本論』第一巻出版後にまでずらして自説を救済しようとしたが、これはもう正気の沙汰ではなかったといってもよいであろう。このような人物を崇拝してきた日本の輸入業者たちは、明治維新以来欧米から大量の哲学諸思想を輸入し続けてきた近代日本の伝統の名残なのかもしれないが、輸入するに当たってマルクスに照らして製品検査もしなかったのは怠慢の誇りを免れないのではないか。

さて、以上は疎外論超克説の輸入品であったが、実は日本の国産の疎外論超克説もかなりの影響力を発揮し続けてきたのである。その代表者は廣松渉であったが、彼は、オイゼルマンのマルクス研究が広く読まれるようになってからしばらくして、そしてアルチュセールの翻訳が発表された頃から、非常に精力的にマルクス疎外論超克説を説いた論文や著書を発表してきて、日本のマルクスと『草稿』の研究に大きな影響を与えた。彼のマルクスに関する基本的主張は次のように定式化されていた。

「『ドイツ・イデオロギー』で、自己疎外の論理そのものが批判（自己批判）されており、かつて『経哲草稿』でマルクス自らが主張していた命題が……厳しく退けられ、疎外の論理に代わって物象化の論理が登場する。」（廣松渉『マルクス主義の地平』、二四五ページ）

「われわれはこの『初期マルクス』から『後期マルクス』への世界観的な構えの飛躍を『疎外論の論理から物象化論の論理へ』という成句で象徴的に表現することができるであろう。」（同上『唯物史観の原像』、六六ページ）

ここでも新しい言葉が導入されて、何か新しいマルクス解釈が、新しい思想が表明されているのではないかと期待を抱かせるところがあった。しかし、これもまたその内実が、アルチュセールの場合と同様に、すでに何年も前にオイゼルマンによって詳細に発展させられていたスターリン主義的疎外論超克説であったことは疑いの余地がない。彼のマルクス解釈にたいしてはさまざまな批判があり、私もまた詳細な批判を加えたことがあるが、そこでは、前のフランス人の解釈におけると同様に、オイゼルマンがもっていた慎重さが拭い去られていっそう極端なものにされ、マルクスが一段と甚だしく歪められてしまっていることだけは間違いない。

スターリン批判後登場した疎外論超克説の諸変種の紹介は以上で十分であろう。いずれも伝統的マルクス主義と新旧のスターリン主義の軍勢を背後に置いた急先鋒のようなもので、それらの隠然あるいは公然たる支持者は夥しい数に上ったのではないであろうか。彼らはいたるところで、『草稿』はいかがわしく欠陥だらけで、後のマルクスによって克服され放棄されたと合唱してきたのである。マルクスと『草稿』の研究は破壊的な影響を受け、せっかく開始されたまともな研究にもブレーキがかけられ、後退させられることにならざるをえなかったといってもよいであろう。

そうこうするうちに社会主義運動が退潮期にはいりソ連型社会主義の崩壊が始まり、マルクスと彼の『草稿』にたいする関心も薄れてくる。そうしたなかで、奇妙なことにますますのさばってきたのが疎外論超克説であった。『草稿』におけるマルクスのラディカルな資本主義批判は学ばれず、その批判に基づく彼の高邁な共産主義的理想は脇に放って置かれてきた。これが日本における『草稿』研究の現状であろうか。

疎外論超克説を取り除かない限りマルクスと『草稿』の研究の前進はありえず、マルクス主義の革新もありえない。これが日本における『草稿』研究の教訓だといってもけっして過言ではないであろう。

『経済学・哲学草稿』研究の躓きの石

はじめに

一八四四年に書かれたマルクスの『経済学・哲学草稿』（以下、『草稿』）が発表されたのは、ようやく一九三二年になってからであった。したがって、この『草稿』の研究の歴史もこの年から始まったのであるが、今日にいたるまでのけっして短くはないその歴史の概観から知られることは、その研究が最初の時期から不運にみまわれたということであり、かなりの歳月が流れてからようやく前進し始めたが、しかしただちに停滞させられ、さらにはしばしば後退させられてきたということである。マルクス疎外論の研究はそもそもの最初から一貫していわば躓きの石とでも呼ばれるべきしたたかな障害物によってその前進が阻まれてきたのである。この躓きの石が、マルクスが彼の初期の疎外論を彼の後期においては超克してしまったと主張する疎外論超克説であったことは疑いの余地がない。その信奉者たちは隠然あるいは公然と、マルクスの疎外概念などは当人によって早々と捨て去られてしまったもので研究するだけの価値もない（いったい誰が無意味とわかっているようなことに貴重な時間とエネルギーを振り向けるであろうか）と飽きもせずに説いてきた。たしかにこの疎外論超克説にたいしてはこれまでに多くの人々によって批判が展開されてきたし、私自身もそうした方向でくりかえし議論をしてきた。しかしながら、現状を顧みてみると、私たちの批判が十分に効を奏してきたとはいえず、あの疎外論超克説が依然として健在であり、おかげで『草稿』研究はかなり惨めな状態にとどまっていることは間違いないように思われる。そこで、以下、これまでの批判の成果を踏まえながら、マルクス疎外論超克説をその主要な支柱にそくして全面的に批判的に検討しておきたいと思う。

一　フォイエルバッハとマルクス

何よりも先ず注意すべきは、マルクス主義の研究でもとりわけ熱心であったマルクス主義者たちが長いあいだ『草稿』を無視したりマルクス疎外論超克説を説いたりしてきたのは、それなりに信頼できる根拠があったからであったということであろう。では、それほどの重みがある根拠になりえたのは何であったのか。マルクス主義の歴史を遡って行くとそうした重みをもちえたのは、何よりも先ず、マルクスの最良の理解者であったとみなされ、その圧倒的な影響下で伝統的なマルクス主義が——したがってまた、スターリン主義も——形成されたエンゲルスの見解以外ではありえなかったことがわかる。

黙示的であれ明示的であれ疎外論超克論者たちは、初期マルクスが一八四一年から一八四五年春にいたるまでの一時期「フォイエルバッハ主義者」になったというエンゲルスの見解の正当性を信じ、当然『草稿』はそのようなマルクス以前のマルクスの著作だとみなすべきだと考えてきたのである。だが、そもそもエンゲルスの見解は本当に適切なものであったのか。

エンゲルスによれば、マルクスはフォイエルバッハの『キリスト教の本質』を読んで感激し、エンゲルスなどとともに「フォイエルバッハ主義者」になった。これは、ほかならぬエンゲルスの証言であったので、疑われずに来た。しかし、はたしてこの話は鵜呑みにしてもよいものであったのか。マルクスは本当に熱狂して『キリスト教の本質』を受け入れたのであろうか。

マルクスは、一八四二年三月に書いた手紙のなかでその後の執筆計画について述べ、ついでにフォイエルバッハの宗教批判に触れながら次のように書いていた。

「論文そのものにおいて私は宗教の一般的本質について語らなければならないでしょうが、そこで私はある程度［einigermassen］フォイエルバッハと衝突することになるでしょう。

といっても、原理（Prinzip）にかかわる衝突ではなく、その把握［Fassung］にかかわるものですが。いずれにせよ、そのさい宗教は何も得るわけではありません。」（Marx an Arnold Ruge.20.März 1842. In：Marx／Engels Gesamtausgabe.Ⅲ-1,S.25.）

フォイエルバッハは一八四一年六月に出版した『キリスト教の本質』で結論として「人間は人間にとって神である［Homo homini deus est］」ということを主張していた。実は、この本が出版される少しまえの同年三月に書かれたとされている学位論文序言のなかでマルクスは、「自己意識に並ぶものは何も存在すべきではない」と主張し、「天上および地上のすべての神々」に抗して人間の自己意識を「最高の神性（die oberste Gottheit）」と認めさせるのが哲学の課題だと書き記していたのである（Karl Marx:Differenz der demokritischen und epikureischen Naturphilosophie.Vorrede.In:Marx／Engels Gesamtausgabe.Ⅰ-1,S.14.）。つまり、フォイエルバッハの主張が世に出る前にマルクスはすでに、人間こそが人間にとって最高の存在であるという同じ主張を書いていたというわけである。したがって、二人が基本的な主張では完全に一致していたので、マルクスが「原理にかかわる衝突」はありえないと考えていたのは当然であったのである。しかしまた、ここで使用されている概念の相違などからもある程度うかがえるように、二人のあいだでのそれなりの衝突もまた避けられないということも当然であった。この衝突をマルクスが具体的にどのようになるとみなしていたかはここからは定かではないが、しかし、さしあたって大事なことは、マルクスが二人が立っている共通の地盤を確認しつつも同時に衝突せざるをえないと冷静に考えていたということである。したがって、ここから次のような結論を導き出すことはけっして不当ではないであろう。すなわち、マルクスが『キリスト教の本質』を読んで熱狂的に歓迎し、彼自身もつかの間「フォイエルバッハ主義者」になったなどということはありえなかったということであり、そのように主張しているエンゲルスの主張は間違いではなかったのかということである。

だが、『キリスト教の本質』にかんしてはその通りであったとしても、しかし、一八四三年の春に発表されたフォイエルバッハの『哲学改革のための暫定的提言』を読んだときは、いよいよマルクスも感激してつかの間フォイエルバッハの信奉者、つまり「フォイエルバッハ主義者」になったのではないであろうか。研究者たちによって認められてきたことであるが、このフォイエルバッハの著作を読んでマルクスは眼から鱗が落ちたような気持ちを味わい、彼の内部で崩れ始めていたヘーゲル主義的パラダイムが決定的に突き崩されたのであり、私見によれば彼の内面において哲学的パラダイムの転換が、つまりは哲学革命が起きたのである（『初期マルクスの批判哲学』第二章）。では、ここにいたってマルクスはいよいよ束の間「フォイエルバッハ主義者」になったのであろうか。マルクスは一八四三年三月中旬に書いた手紙のなかで次のように書いている。

「フォイエルバッハの諸箴言は、彼があまりにも甚だしく自然に言及し、あまりにも僅かしか政治に言及していないという点でのみ私にとって正しくないのです。しかし、このことは、まさにそれによって今日の哲学が真理になりうる唯一の同盟（das einzige Bündnis）なのであります。いずれにせよ、自然熱狂者たちに他の一連の国家熱狂者たちが呼応していた一六世紀におけるように、事態はうまく進むことでありましょう。」（K.Marx an Arnold Ruge.13 Mrz 1843.In:Marx/Engels Gesamtausgabe.Ⅲ-1,S.45.）

ここからわかることは、マルクスが、問題の著作でフォイエルバッハが展開していたヘーゲル哲学批判と彼が提唱していた唯物論の構想に共感を寄せていたことは疑いないが、しかしまた彼の哲学が大きな限界をもっていたことについても的確に指摘していたということである。このような文章を書くものがおよそフォイエルバッハの信奉者などではありえないことはいうまでもないであろう。むしろこの文章から知られうるのは、この時期のマルクスにとってフォイエルバッハは哲学の発展のための統一戦線の同盟者として位置付けられていたということである。この点を確認しておくことは重要である。というのは、このあとでマルクスはフォイエルバッハに彼を誉め称えるような手紙を書いているが、それがどのような観点からなされていたかがここから理解できるからである。マルクスが考えていたのは統一戦線の同盟者獲得であったのであり、けっして「フォイエルバッハ主義者」の信仰告白などではなかったのである。

マルクス自身の二つの証言は、彼が束の間であっても「フォイエルバッハ主義者」になったことなどはないということを教えていたが、その後しばらく後で書かれたマルクスの文章は、実際その通りであったことを改めて確認させてくれる。

マルクスによって一八四三年春以後に書かれた『ヘーゲル国法論批判』は一九二七年になってようやく発表されたのであるが、この研究ノートを読めば、マルクスが、フォイエルバッハの『哲学改革のための暫定的提言』を読んだことが契機の一つになって、明確な唯物論的観点に到達し、そこからヘーゲル的パラダイムを徹底的に突き崩そうと試みていたことがわかる。まさにこのことを、マルクスの次の文章は異論の余地がないような仕方で凝縮して表明している。


「[ヘーゲルにあっては]理念が主体化されていて、国家にたいする家族および市民社会の現実的関係がその想像上の活動として把握されている。家族および市民社会こそは国家の諸前提なのであり、それらこそが本来活動的なものなのである。しかし、思弁においてはそれらが逆立ちさせられている。」(K.Marx:Zur Kritik der Hegelschen Rechtsphilosophie. In : Marx / Engels Gesamtausgabe. I -2,S.8.)

すでにヘーゲル哲学と原理的に訣別した唯物論的観点から彼の法哲学にたいする根本的な批判を展開していることは明らかであるが、またここでマルクスが、国家にたいする家族および市民社会の関係についておこなっている積極的な主張が、やや大袈裟にいうならば、以後のマルクスの歴史哲学的な議論のすべてがそのコメンタールであったといってもよいほどの重みをもつものであることも明らかであろう。というのは、ここにマルクスの新たな歴史観、つまり唯物論的歴史観のもっとも基礎的な命題が早くもくっきりとその姿を現しているからである。そして、まさにこうした方向にそのヘーゲル哲学批判を発展させることができなかったところにフォイエルバッハの限界があったとすれば、ここにはまたマルクスがフォイエルバッハの哲学の限界も超えていたことが示されていたのだとみなすことができるであろう。したがって、この短い一節から、一八四三年のマルクスがたんにフォイエルバッハのヘーゲル批判を媒介としてヘーゲル観念論を超えていただけではなく、さらにこの媒介者の限界をも超えるような新たな唯物論の構想を開発していたとみなさなければならないことがわかるのである。

一八四三年にマルクスによって書かれた『ヘーゲル国法論批判』からの一節を検討してきた

のであるが、こうしたことは、つまり彼が早くもヘーゲルはもとよりフォイエルバッハの限界も原理的に超え出て独自な哲学的構想に到達していたことは、その後に書かれた『独仏年誌』に掲載された二つの論文、「ユダヤ人問題によせて」(一八四三年秋執筆)と「ヘーゲル法哲学批判 序説」(一八四三年秋—一八四四年一月執筆)をみれば、いっそうはっきりしてくる。そして、もしその通りであるとすれば、ここから出てくる結論がどのようなものであるかは、改めて指摘するまでもないであろう。何よりも先ず、一八四五年春に書かれた「フォイエルバッハにかんする諸テーゼ」を「新しい世界観の天才的萌芽が記録されている最初の文書」だとみなすべきだと主張していたエンゲルスが間違ったことを主張していたということなのである。このエンゲルスの間違いのお陰で一八四五年以前のマルクスの諸著作はそれらの価値が著しく低く評価されてきたのであるが、今や彼の誤解に煩わされずに、改めてそれらすべての著作が適切に評価されなければならないことは明らかであろう。そして、このことが当面のテーマにとっても大きな意味があることはもはや指摘するまでもないであろう。

大事なことは、『草稿』が書かれたのは『独仏年誌』の二論文の後である以上、マルクスはすでにたんにヘーゲルを超えていただけではなく、フォイエルバッハの限界も超えた新たな唯物論的構想に基づいて『草稿』での議論を展開していたということである。したがってまた、『草稿』で使われているさまざまな用語、とりわけ「人間」「人間の本質」「疎外」「疎外の止揚」

などの用語の意味も、疎外論超克論者たちのように最初からフォイエルバッハの哲学の影響下にあったなどと考えるのではなく、むしろすでに新たな地平を開いていたマルクスが新たな意味を付与していたのだと考えなければいけないことになることも、改めて指摘するまでもないであろう。

二　マルクスのヒューマニズム

実は、私が前節で引用したマルクスの手紙の文章などはかなり以前から知られていたので、彼がフォイエルバッハのキリスト教批判を読んで束の間「フォイエルバッハ主義者」になったというエンゲルスの判断をそのまま鵜呑みにすることはできないことは、すでにマルクス研究者のあいだでは言わずもがなのことになっていたといってもよいであろう。ところが、それにもかかわらず、そのようなマルクス研究者たちのところでさえも、『草稿』の基本的諸思想はまだ「フォイエルバッハの人間学主義」あるいは「フォイエルバッハの人間学的唯物論」の影響が示されていて、本来のマルクスのものではなかったなどと考えられてきたのである。一体何故そのように考えられてきたのか。そもそも、この否定されるべき悪しき影響のもとに何が考えられていたのか。この影響についてもっとも模範的な解答を与えてきたのは新旧のスターリン主義者たちであったので、ここでは彼らを代表してきたオイゼルマンの議論を顧みておくことにしよう。問題の所在がもっともよく示されているのは、彼が、『草稿』の前に書かれた「ヘーゲル法哲学批判　序説」について論じている次のような箇所である。

「……『年誌』に掲載されたマルクスの二つの論文は、フォイエルバッハの人間学主義の影響から免れていなかった。これらの論文の原理的に新しい内容は、まだそれに応ずる新しい形式を採っていなかった。とりわけ、プロレタリア革命は、疎外を止揚しヒューマニズムを実現する課題として定式化されている。これと同じ精神でドイツについても問題が立てられている。すなわち、『ドイツの唯一の実践的に可能な解放は、人間こそは人間にとっての最高の存在であると宣言する理論の観点に立った解放である。』このような理論として当時マルクスがフォイエルバッハの人間学的唯物論を考えていたことは、まったく明白なことである。」（テ・イ・オイゼルマン『マルクス主義哲学の形成』、森宏一訳、三五〇ページ）

オイゼルマンはこうしたことを『草稿』にそくして、それからさらに『聖家族』にそくしても詳論して行くのであるが、彼が主張していることは明白である。要するに、『草稿』においてもっとも頻繁に登場する疎外と疎外の止揚の概念、つまりはヒューマニズム的観点からの資本主義批判とヒューマニズムの実現としての共産主義の構想、まさにここにフォイエルバッハの悪しき影響がそのまま残されていたというわけである。したがって、オイゼルマンの結論はいたって単純明快であった。要するに、それらの概念は結局のところ「生産諸関係のさまざまな型が社会の自然史的発展過程の合法則的な諸段階であるところの経済的社会構成体にかんする学説」に取って代わられたのだというわけである。

このようにオイゼルマンによって提起されたこの疎外論超克説がどのようなマルクス主義理解を前提にしているかは明らかである。改めていうまでもなく、エンゲルス以来の伝統的マルクス主義をいっそう極端なものにしたスターリン主義であったのである。そして、そうしたことの結果でもあるのであるが、このオイゼルマンの解釈はさまざまなところに大量の共鳴者を見出してきたのであり、一時期流行したフランス構造主義者たち、それからまた日本のいわゆる物象化論者たちもはいることはいうまでもない。スターリン主義者たちのところで合唱されてきた歌がさらに多くの人々によって歌われるようになり、世界中で大合唱がおこなわれてきたということである。

だが、幸いなことに真実はそれに同意する人間の数によって決まるわけではない。そもそも何故にこの疎外概念は克服されなければならないほど悪い概念なのか。この点についてのオイゼルマンの説明はすでに先に引用しておいた文章に含まれていたのであるが、マルクスが当時用いていた疎外概念などは「この概念が意味するところの社会的歴史的発展過程の客観的過程を十分にふさわしく表現したものではない」ということであった。だが、マルクスの疎外概念はそもそも客観的過程の記述を課題としていた概念であったのか。

フォイエルバッハがキリスト教批判の結論として「人間は人間にとって神である」というテーゼを主張し、このテーゼを実現するためには宗教的幻想を破壊しなければならないと説いたことは、すでに前節でみてきた。マルクスがこの主張をどのような方向に発展させたかはよく知られているといってもよいであろうか。彼は「ヘーゲル法哲学批判　序説」のなかで次のように書いていた。

「宗教の批判は、人間が人間にとって最高の存在［das höchste Wesen für den Menschen］であるという教えをもって終わる。したがって、人間が貶められ、隷属させられ、見捨てられ、蔑視された存在になっているような一切の諸関係を……覆せという定言的命令をもって終わるのである。」(K.Marx:Zur Kritik Hegelschen Rechtsphilosophie. Einleitung. In : Marx / Engels Gesamtausgabe. I -2,S.177.)

ここから明らかなように、マルクスは、「人間が人間にとつて最高の存在である」というフォイエルバッハの反宗教的ヒューマニズムのテーゼを肯定的に受け止めただけではなく、さらにそれを発展させて「最高の存在」としての人間の実現を訴えていた。オイゼルマンによれば、まさにここにフォイエルバッハの克服されるべき悪しき影響が鮮やかに現れているということになるのであるが、問題はこの概念がどのような種類の概念であったのかということである。

ここでフォイエルバッハに倣ってマルクスが使っている「最高の存在」としての人間の概念は、現実に存在する人間についての概念、すなわち人間についての記述的概念とは異なった種類の概念であることはいうまでもないであろう。それでは、この概念はどのような種類の概念であったのか。明らかにそれは、現実にはまだ存在していないが、しかしマルクスにとってこれから先の未来には存在しうるし、また存在すべきである人間についての概念であり、人間についての規範的概念であったのである。したがって、そもそもこの概念は、したがってまたこの概念を前提にしているような諸概念も「客観的現実を表現する」概念ではなかったのであるから、「客観的現実を表現していない」のは当然のことであったのである。だが、その通りであるとすれば、「客観的現実を表現していない」ということは、この概念がマルクスによって放棄されなければならなかった理由などにはならないということである。こうした議論が示しているることは何か。ただちに考えられるのは、オイゼルマンが人間にかんする二つの種類の概念の相違についての適切な理解を欠いていたということである。こうした推理がけっして無理ではないことは彼の議論のさまざまな箇所から容易に知ることができる。

だが、人間にかんする規範的概念が記述的概念としての働きをしていない、だから概念として不適切だというようないわば戯言を主張しながらも、他方、オイゼルマンは彼が本当に大事だとみなしていることは明確に主張していたのである。すなわちそれは、マルクスが「最高の存在」としての人間というような規範的概念を掲げ、その実現を訴えていたこと、つまりヒューマニズムの旗を掲げていたということとそのこと自体がフォイエルバッハ主義なのだというこ とである。彼はそのように断固として決めつけることによって、そのようなフォイエルバッハ主義は克服される必要があり、実際に本来のマルクスがそうしたのだと、すなわち規範的概念を使い、理想を説き、その実現を訴える、そうすることをやめてしまったのだと主張しているのである。

これこそは伝統的マルクス主義が、そしてその後に続いた新旧のスターリン主義が、大声で合唱してきた懐かしのメロディーにほかならないであろう。若きマルクスは明らかに共産主義を理想として説いている。それこそは克服されるべきフォイエルバッハ主義の悪しき影響の現れだというわけである。この歌は広く世界中で歌われてきて、日本においてもマルクス主義が導入されてから今日にいたるまでくりかえしくりかえし合唱されてきている。

このマルクス解釈は、マルクスが規範的概念やそれらに基づくヒューマニズムをどのように発展させていたのかということはまったく問わず、したがってまたそうした問題を研究し理解を深めようなどということもまったく考えない。そして、それどころかそうした規範的諸概念をマルクスが放棄してしまったのだとみなして、人間と社会の記述的諸概念やそれらに基づいた経済的社会構成体とその歴史的発展についての理論を発展させていたマルクスのみが本来のマルクスであったなどと説いてきた。マルクスはたんなる実証的な社会科学者の一人に引き下げられ、規範的概念を排除した哲学、したがって、それらの諸概念とそれらの発展に関心がない哲学、そうした実証主義の哲学の信奉者であったということにされてきたのである。一体何故このようなマルクス解釈が作り出され広められたのかはともかくとして、このように解釈されたマルクスが、いたるところで現状の無批判的弁護論として役立ち、人々が自分たちの理想を明晰にすることを妨げ、理想を実現したいという憧れを枯らすのに貢献してきたことだけは、したがってまた社会主義運動の躓きの石の一つとしてこの運動の真の発展を大いに妨害してきたことだけは、間違いないように思われる。

では、実際のマルクスはどうであったのか。ここでみてきた「ヘーゲル法哲学批判　序説」のなかの「最高の存在」としての人間についての議論にもう一度目を向けてみよう。フォイエルバッハは、キリスト教の神に対して人間がそれよりも上の存在であること、したがって、人間こそが最高の存在であることを説き、宗教が奪ってしまっていたもろもろの人間的価値を、宗教的幻想を破壊することによって取り戻すべきであることを説いた。これは無神論史上でも画期的なアイデアであったが、しかし彼は意識の内部における変更、有神論から無神論への移行を訴えるところまでしか進まなかった。それにたいしてマルクスは、天上の神々にたいして人間が最高の存在であると主張する無神論を前提として、そこからさらに私的所有、貨幣や国家のような地上の神々にたいしても人間が最高の存在であることも主張し、社会的諸関係の変更を訴えるところまで進んで行ったのである。したがって、マルクスは人間と社会についての記述的諸概念を発展させていただけではなく、同時に人間と社会についての独自な規範的諸概念も発展させていたのであり、ヒューマニズムの主張も言葉だけをみるとフォイエルバッハと同じ主張にみえるが、その中味ははるかに豊かで具体的なものに発展させられていたのであり、その上にその実現についても誰が主役にはなりえず、誰が主役になりうるのかについてまで思いが巡らされていたのである。そして、こうした議論が『草稿』では疎外された労働、私的所有、私的所有の止揚としての共産主義などの諸概念によってまさに飛躍的に発展させられたことは、改めていうまでもないであろう。まさにこのように自分がヒューマニズムをフォイエルバッハの狭い限界を超えて真に発展させたことをマルクスは十分に自覚していて、それを次のように書き記していた。

「……神の止揚としての無神論は理論的ヒューマニズムの生成［das Werden des theoretischen Humanismus］であり、私的所有の止揚としての共産主義は、人間の財産としての現実的な人間的生活の返還請求［die Vindikation］であり、それは実践的ヒューマニズムの生成［das Werden des praktischen Humnismus］である。いいかえれば、無神論は宗教の止揚によって、共産主義は私的所有の止揚によって自己を媒介されたヒューマニズムである。この媒介の止揚――といっても、この媒介は必然的な前提なのであるが――によって初めて、積極的に自己自身から始めるヒューマニズム、積極的ヒューマニズム［der positive Humanismus］が生成するのである。」（K.Marx : Okonomisch philosophische Manuskript. In : Marx/Engels Gesamtausgabe. I -2,S.301.）

ここでさしあたって大事なことは、『草稿』の時期にマルクスがフォイエルバッハのヒューマニズムを超えてまさに新しいヒューマニズムを発展させようと努めていたということであり、共産主義を実践的ヒューマニズムと呼び、さらにその先に積極的ヒューマニズムを考えていたということである。つまり、ここで問題なのは明らかに発展があったということであり、マルクスがそれをよく自覚していたということなのである。こうしてマルクスによってヒューマニズムがフォイエルバッハのものとは比較にならない高みに押し上げられ、その後のマルクスのなかで生き続けることになる共産主義の理想の基本的な構想が開発されたのであるが、その構想誕生がどれほど画期的なものであったかは、もはや改めていうまでもないであろう。問題は、こうしたマルクスの方向が一八四五年以後は閉ざされ放棄されたのか、それとも引き続き維持され発展させられたのか、ということである。オイゼルマンなどのスターリン主義者たちやスターリン主義の構造主義的諸変種の擁護者たちは放棄されたと答えてきたのであるが、はたして彼らに多少なりとも正当性があったのであろうか。

先ずは「フォイエルバッハにかんする諸テーゼ」からみていくことにしよう。実はこの短いテーゼ集には、スターリン主義とその構造主義的諸変種の信奉者たちにはまったく手に負えない非常に重要なテーゼが含まれていたのである。それらのテーゼは次の通りである。

「9　観照する唯物論、すなわち感性を実践的な活動として把握しない唯物論、この唯物論が到達する最高のものは孤立した諸個人と市民社会の観照（die Anschauung der einzelnen Individuen und der bürgerlichen Gesellschaft）である。

10　古い唯物論の観点は市民社会であり、新しい唯物論の観点は人間的な社会あるいは社会的な人類（die menschliche Gesellschaft oder die gesellschaftliche Menschheit）である。」

(K.Marx:Thesen uber Feuerbach.In:Marx/Engels Werke.Bd.3,S.7.)

ここでマルクスが「観照する唯物論」「古い唯物論」のもとにフォイエルバッハの唯物論を念頭に置いていたとすれば、この唯物論者の基本的な主張ははっきりしていて、要するに、宗教的および観念論的幻想を克服して新たなヒューマニスティックな唯物論あるいは唯物論的なヒューマニズムを採用すべきだということであった。したがって、市民社会で生きている人間がフォイエルバッハにしたがってパラダイムを変換しても、彼は自分の意識を変えるだけで市民社会の実践的変革に取り組まないのであるから、結局彼は別の意識をもって従前通りに同じ市民社会で生き続けて行くことにならざるをえない。したがって、彼が新たに採用した唯物論は結局のところ孤立した諸個人と人間的ではない市民社会と折り合って行ける観点であったということになるであろう。

それにたいして、この市民社会にあっては人間が疎外されていて、まだ最高の存在になっていないことを明らかにし、この市民社会を覆して、そこにおいて人間が最高の存在になりうるような社会を創造することを訴えるとすれば、このような唯物論が先の唯物論とは質的に異なった新しい観点になることはいうまでもないであろう。したがって、ここにマルクスの新しい唯物論の観点が明確に表明されていたことになるのであるが、問題はここに登場してくる「人間的な社会あるいは社会的な人類」である。

マルクスがこの概念が表している社会が過去に存在したことがないし、また現在も存在していないと考えていたことは、そしてまた、この社会が未来において存在することが可能だと考えていたことも、自ずから明らかである。では、この社会は、伝統的マルクス主義やスターリン主義において考えられてきたように、そしてオイゼルマンが大いに強調しているように、「社会の自然史的発展過程の合法則的な諸段階」の一つとして考えられていたのであろうか。マルクスがそのように考えていなかったことは、明らかだといってもよいであろう。というのは、ここで引用した二つのテーゼの後にマルクスは、次のようにあのあまりにも有名な最後のテーゼを記しているからである。

「哲学者たちは世界をたんにさまざまに解釈してきただけである、大事なことは世界を変化させることである。」(Ebenda.)

もしもマルクスが「人間的な社会あるいは社会的な人間たち」が必然的に到来するものであると、あるいは、同じことであるが、自然史的発展過程を辿って出現するものであると考えていたとすれば、そもそも彼は世界の変革などを訴える必要はなかったはずである。まさにそう考えてはいなかったからこそ、つまり彼が構想していた未来社会が必然的にやって来るなどとは考えていなかったからこそ、つまりその未来社会が一つの可能性でしかなく、その実現のためには変化させる行動が必要であると考えていたからこそ、最後にわざわざ世界の変革を訴えたのだとみなさなければならないであろう。

このように考えることができるとすれば、マルクスにとって「人間的な社会あるいは社会的な人間たち」はたしかに将来において可能な社会、それでありうる社会であったが、それはさまざまな可能な社会のなかから彼によって選ばれた社会にほかならなかったということになる。したがって、それは、マルクスにとってたんに将来においてありうる可能な社会であっただけではなく、また彼がそれであるべきだと信じていた社会でもあったということになるであろう。つまり、その社会は、マルクスが、将来においてそれでありうるし、またそれであるべきだと考えていた社会を表す概念であり、つまりは社会にかんする規範的な概念であったとみなすのが適切な解釈だということになる。

この種類の概念が、これまで伝統的マルクス主義やスターリン主義の圧倒的な影響のお陰で、しばしばマルクスに先行した諸哲学の、とりわけフォイエルバッハの哲学の、残滓であって、本来のマルクス、後期のマルクスのところではもはや登場する余地がなかったものとされてきた。しかし、この後期マルクスの出発点におかれてきた「フォイエルバッハにかんする諸テーゼ」に登場していた規範的概念は、マルクスが黙示的には以前からおこなってきたフォイエルバッハ批判を明示的に展開している最中に登場してくるのである。したがって、そこに登場してくる規範的概念だけがフォイエルバッハ哲学の影響の残滓だなどと主張することは、マルクスを論理的思考能力を欠いた愚者扱いすることになるであろう。そもそも、おそらくマルクスがほとんど同時に書いた短いいくつかのテーゼの内的な脈絡を摑もうと努めるのではなく、それらを勝手に分類して、一方はすでにマルクスのものだが、他方はまだフォイエルバッハ的だなどと決めつけるやりかたは、一人の人間の思想の解釈の仕方としてあまりにも恣意的である。マルクスをただの実証主義者に仕立て上げようという意図があまりにも見え透いているのである。マルクスが書いた諸文章の全体と調和するような仕方で真剣にマルクス解釈を発展させようとするならば、素直にマルクスにおける規範的概念の存在とその重要性を認めなければならないのである。

さて、ここでみてきたように、フォイエルバッハにたいして明示的な批判を展開している最中にも、人間と社会についての規範的概念を捨て去るどころか、それらの概念を明晰にし発展させようと努めていた。そして彼がそうした規範的諸概念を前提にして理想の社会を描き出そうと努めていたことは疑いがない。たしかに彼は、その可能性がないような理想社会については当然語らないように努めたし、また理想社会について語るときにはその現実的な可能性をはっきりさせなければならないと考えていた。まさにこの点でマルクスが社会主義を「空想から科学へ」発展させたことはたしかである。しかし、それではマルクスは理想社会について語るのをやめたのかといえば、それは完全な間違いで、実際のマルクスは、たしかに饒舌であったとはいえないとしても、さまざまなところで実に頻繁に未来の理想社会について語っていたのである。ここでみてきた「フォイエルバッハにかんする諸テーゼ」における「人間的な社会あるいは社会的な人類」は、それ以前の『ヘーゲル国法論批判』、『独仏年誌』の二論文、『経済学・哲学草稿』、『聖家族』などで発展させられてきた疎外の止揚としての共産主義の理想が簡潔に表現されたものであるが、この理想はすぐ後の『ドイツ・イデオロギー』においていっそう発展させられ、やがて『共産党宣言』で綱領的な理想として描かれるに至ることは、よく知られているのではないか。そして、それ以後もマルクスは彼のさまざまな著作でこの理想を明晰にする努力を続けるとともに、その理想の実現にいたる変革のプロセスについての具体的な諸提案が明確化されて行くこと（『フランスの内乱』）も、それからこの理想社会がどのように段階的に発展して行くかにということについてのシナリオが仕上げられて行ったこと（『ゴータ綱領批判』）と同様によく知られているのではないか。大事なことは、それらのどの段階のものであっても、マルクスの共産主義的理想社会論は、非常に明確に規範的性格をもった諸概念によって構築されていて、それ自体もはっきりと規範的性格をもっていたということである。

したがって、以上から導き出すことができる結論は、要するに、マルクスの疎外論的な資本主義批判が規範的諸概念なしにはありえなかったように、彼の共産主義的な社会の理想も規範的諸概念なしにはありえなかったということである。

マルクスの規範的諸概念がフォイエルバッハ哲学の残滓で、一方では、歴史の発展過程を記述する概念としては不適切であったとか――こんなことは規範的概念である以上は当然であった――、他方では、そもそも規範的概念であること自体がマルクス主義にとって不適切であったとか――それらの概念がなければ資本主義批判も未来の共産主義社会論も展開できなかった――、マルクスの疎外論を貶めるための議論が作られてきたが、いずれもまさに不適切な議論で完全に間違っていたといわなければならない。そして、大事なことは、規範的概念を前提にしたヒューマニズムを説いていたからマルクスがまだフォイエルバッハ主義者であったなどという議論は根本的に間違っているということであり、『草稿』における最初の共産主義のスケッチから『ゴータ綱領批判』における共産主義社会の発展のシナリオにいたるまでマルクスにとって共産主義とはヒューマニズムの実現以外のなにものでもなかったということである。

三　後期マルクスの疎外論

伝統的マルクス主義と新旧スターリン主義の影響下で製作され発展させられてきたマルクス

疎外論超克説が主張してきたもっとも重要なテーゼは、後期のマルクスが初期のマルクスの疎外論を批判し、つまりは自己批判し、結局のところ放棄してしまった（あるいは、多少残されていたとしてせいぜい「付随的に」使っていたにすぎない）というものである。したがって、ここから、後期の成熟したマルクスの思想においては疎外論がもはやその場所をもっていない以上、マルクスの精神でものを考えようとするならば疎外論などを振り回すべきではないし、『草稿』などの疎外論に凝ることは無益なことだということになる。このようなコロラリーがどれほど人々を『草稿』から遠ざけて来たことであろうか。だが、はたしてこのマルクス疎外論超克説は真実なのであろうか。これまで述べてきたことからすでに容易に考えられうるように、この問いにたいする答えは否なのである。しかしそれでも、念のためにマルクスにそくして問題を検討しておかなければならない。

すでにみてきたように、一九五〇年代の後半から明示的マルクス疎外論超克説が主張され始めたが、この時期にはその超克説の信奉者たちはいずれも転換点を一八四五年にもとめてきた。この点は一九六〇年代に流行した疎外論超克説も同様であったが、しばらくすると、マルクスが一八五〇年代の後半に書きようやく一九三九－四一年に発表された『経済学批判要綱』が読まれるようになり、この草稿集で彼が、放棄してしまっていたはずの「疎外」を頻繁に使っていることが知られるようになった。その結果として、疎外論超克説の支持者たちは大いに後退を余儀なくされ、マルクスが一八四五年を境に疎外論を放棄したという説を信奉し続けることが困難になってきた。さらに日本では、マルクスが一八六一―六三年に書いた『資本論草稿集』も一九七〇年代後半から一九九〇年代前半にかけて翻訳出版されたが、この草稿集でも疎外概念が頻繁に使用されているので、疎外論超克説の支持者減少の傾向がいっそう進んだのではないかと思われるのであるが、しかしまことに恐るべきはイデオロギーの生命力である。すでに述べてきたように、ここしばらくのあいだ日本ではマルクスにたいする一般的な関心も薄くなってきているのであるが、このようなマルクス研究の退潮期に少なからぬ人々がさまざまな仕方で疎外論超克説を支持する文章を書いてきたのである。彼らの一人などは、つい最近になって出した本のなかで、マルクスが疎外論を放棄して物象化論なるものを採用した時点を『資本論』にまでずらして、疎外論超克説を救済しようという試みを展開している。何が何でもマルクスに疎外論を超克させたいという切なる願いを語っているのであるが、しかし、これはマルクスが「疎外」と最終的に訣別したのは一八七〇年代の半ば以後だと主張していたフランス人の説と同様に笑い種にされてきたといってもよいであろう。

このように、今や理論的には疎外論超克説は危機に瀕しているといってもよいような状態であるが、それでも日本ではまださまざまな疎外論超克説が蔓延していて、マルクスの疎外論が適切に評価されるようになっているわけではない。相変わらずマルクスは疎外論をどこかで捨て去りたんなる実証主義的な社会科学者になってしまったのだと広く信じられていて、まともな『草稿』研究の発展にブレーキがかけられ冷や水が浴びせられている。そこで、最後に以下でマルクスがその後期においても、それも一八六〇年代にはいってからも、疎外論を放棄するどころかそれを維持しいっそう発展させていたことを簡単に示しておくことにしたい。

後期マルクスの諸著作には疎外概念の使用例が数多く見出されることは今日ではよく知られているが、それらの例のなかには、マルクスがまさに彼の初期の疎外概念を発展させていたことを示しているだけではなく、またこの概念をまさに彼の思想の中心的な概念として使っていたことを示しているようなものも少なくない。ここではそれらのうちからもっとも代表的なものを挙げておきたい。一八六〇年代の前半に書かれた『資本論草稿集』は『資本論』の準備的労作で、明らかに後期マルクスの諸著作に属するものであるが、そのなかで彼は資本主義的生産様式の本質を特徴づけようと試みて、次のように書いている。

「労働者にたいする資本家の支配は、人間にたいする物の支配［die Herrschaft der Sache uber den Menschen］、生きている労働にたいする死んだ労働の支配、生産者にたいする生産物の支配である。なぜなら、労働者にたいする支配の諸手段……となる諸商品は生産過程のたんなる諸結果であり、その過程の諸生産物であるからである。これは、イデオロギーの領域で宗教において現れる関係、すなわち主体の客体への転倒およびその逆の転倒という関係とまったく同じ関係が、物質的生産において、現実の社会的生活過程——というのは、これが生産過程であるから——において現れているものである。歴史的にみれば、このような転倒は、富そのものの創造を、すなわち、ただそれだけが自由な人間社会〔eine freie menschliche Gesellschaft〕の物質的土台を形成しうる社会的労働の無容赦な生産諸力を、多数者の犠牲において強要するための、必然的な通過点として現れる。このような矛盾した形態を通らなければならないのは、ちょうど人間が自己の精神的諸力を最初は自己に対立する独立した諸力として宗教的に形作らなければならないのと同じことである。それは人間自身の労働の疎外過程〔der Entfremdungsprozess seiner eigenen Arbeit〕である。」(Karl Marx : Zur Kritik der politischen Ökonomie.Manuskrpipt 1861-1863.S.64-65.)

マルクスは続けて「ここで労働者は初めから資本家よりも高いところに立っている」という、かつての『聖家族』の有名な箇所を彷彿させるような議論を展開している。だが、もはやそれを詳細に引用するまでもなく、以上の引用文だけからでも、一八六〇年代前半のマルクスが資本主義的生産の本質を疎外概念を使って特徴づけていたことが、したがって、この時期のマルクスの思想において疎外概念が中心的意義をもっていたことも、まさに一目瞭然であろう。当面のわたしたちの目的にとってはこの一例だけでも十分であるが、しかし、念のために、『資本論』第一巻からもう一つの例を挙げておくことにしよう。このマルクスのよく知られた著作には「疎外」という言葉の使用例も見出されるが、しかし概念としての疎外概念ということになるとその使用例は数多く見出され、それらのいずれもが疎外論超克説を真っ向から反証している。それらのうちからもっとも簡潔明瞭なものを選ぶならば、次のような文章が挙げられるであろう。

「人間が宗教において彼自身の頭の造り物によって支配されるように、彼は資本主義的生産においては彼自身の手の造り物によって支配されるのである。(Wie der Mensch in der Religion vom Machwerk seines eignen Kopfes,so wird er en der kapitalistischen Produktion seiner eignen Hand beherrscht.)」(K.Marx:Das Kapital.Erster Band.In:Marx/Engels Werke.Bd.23,S.649.)

この文章の注でマルクスはフォン・テューネンの次のような文章を引用している。「……資本そのものは人間の労働の所産にほかならない……ということを証明したわれわれの最初の研究に立ち返るならば、人間が自己自身の生産物——資本——の支配のもとに陥って、これに従属させられうるということは、まったく理解できないように思われる。だがしかし、このことは実際にその通りなのであるから、どうしても次のような問題が生じざるをえない。すなわち、どうして労働者は資本の支配者――資本の創造者としての――から資本の奴隷になりえたのか。」この問題にたいするテューネンの解答がまったく子供じみたものでしかないと付け加えながらも、マルクスは「こういう問題を提起したことはテューネンの功績である」と評価している(Ebenda.)。前に挙げた例と同様に、『資本論』のこの箇所は、マルクスがこの著作においても資本主義的生産様式の本質を特徴づけるのに疎外概念を用いていたということをはっきりと示していることについては、異論の余地がないといってもよいであろう。

さて、以上で後期マルクスの著作から二つの例を挙げただけであるが、それらの例がいずれも疎外論超克説がいかに後期のマルクスについての根本的な誤解に基づいているかをはっきりと示していたことは明らかであろう。後期マルクスの思想においても疎外概念はけっして放棄されてはいなかったし、またけっして「付随的に」用いられていたのではなかったのである。『資本論』からの例は、この著作では疎外論が放棄されて物象化論に取って代わられたなどという議論がどれほどいい加減なものであるかを改めて教えていたといってもよいであろう。それらの例から明らかなことは、マルクスが彼の後期においても資本主義的生産様式の本質を疎外概念を用いて批判的に特徴づけていたということであり、したがって、彼が彼の初期の疎外概念を放棄することなく、それを維持し発展させていたということである。疎外概念は、マルクスの思想の発展過程において一貫して中心に置かれていた概念、したがってそれなしではマルクスがもはやマルクスではありえなくなってしまわざるをえないような概念であったのである。そして、もしその通りであるとすれば、疎外論超克説が何をめざしてきたのかも明らかになったといってもよいであろう。それは、要するにマルクスの否定にほかならなかったのである。これこそは伝統的マルクス主義とそのカリカチュア化としての新旧スターリン主義を基盤としていた疎外論超克説の真骨頂であったのではないか。

おわりに

マルクスの『草稿』の研究の発展を阻んできた疎外論超克説が適切な仮説であったのか否かを、その主要な支柱にそくして検討してみたのであるが、明らかになったのは、要するに、それらの支柱はいずれも根拠をもたず間違っていたということであった。『草稿』時代のマルクスが「フォイエルバッハ主義者」であってまだ本来のマルクスになっていなかったというエンゲルスに由来する見解は、到底正当化されえないことがわかった。実際のマルクスは一度もフォイエルバッハ主義者などになったことはなく、フォイエルバッハとの同盟を考えていたときでさえも彼を超えていたのである。そしてまた、『草稿』の時代のマルクスは、まさに「フォイエルバッハ主義者」だったのでヒューマニズムの観点から議論をしていたが、しかしこのようなヒューマニズムは後にマルクスによって放棄されたという見解も間違っていることが判明した。『草稿』などでマルクスはたしかにヒューマニズムを主張していたが、しかしそれはすでにフォイエルバッハのヒューマニズムをはるかに超えていた。そして、そのヒューマニズムをマルクスは放棄するどころか生涯を通じて発展させていたのである。さらに、マルクスが初期の疎外論を放棄してしまったという見解も事実によって間違いであることがはっきりと証明されたといってもよいであろう。マルクスは彼の初期の疎外論をその後期においても維持し発展させていたのである。

要するに、『草稿』研究を押し止どめるのに成功してきた疎外論超克説は、その支柱のすべてが間違っていて基礎がないことが、したがってたんなる神話でしかないことがわかったのであるが、しかしこの神話の背後には伝統的マルクス主義や旧スターリン主義が控えていた。したがって、これから先の日本における『草稿』研究の進展は、その背後に生き延びてきたスターリン主義などを視野に収めて疎外論超克神話を本当に突き崩し超克することができるかどうかにかかっているといってもよいであろう。現在の日本では良質の資本主義批判が求められ、過去の失敗の経験を踏まえた社会主義的理想の再構築が望まれているが、そうした需要にマルクス主義が応えていくためにもこの『草稿』研究の発展が必要不可欠であることは疑いがない。

著者略歴

岩淵　慶一（いわぶち・けいいち）

1940年生まれ

1964年　東京大学文学部哲学科卒業

現　在　立正大学文学部教授

主要著訳書

『現代ヘーゲル研究』（共著）啓隆閣・『ルカーチ研究』（共著）啓隆閣・『マルクスの哲学の復権』（編著）時潮社・『初期マルクスの批判哲学』時潮社・『哲学と宗教』（共著）理想社・『どこから　どこへ』（共著）時潮社・『社会主義　市場　疎外』（共著）時潮社・『神話と真実』時潮社・『マルクスの21世紀』学樹書院・マルコヴィチ『実践の弁証法』（共訳）合同出版・ペトロヴィチ『マルクスと現代』（共訳）紀伊国屋書店・マルコヴィチ『コンテンポラリィ・マルクス』（共訳）亜紀書房

マルクスの疎外論

――その適切な理解のために――

2007年3月10日　第1版第1刷　　　**定　価**2800円＋税

著　者　岩　淵　慶　一　©

発行人　相　良　景　行

発行所　㈲　時　潮　社

〒174-0062　東京都板橋区前野町4-62-15

電　　話　03-5915-9046

F　A　X　03-5970-4030

郵便振替　00190-7-741179　時潮社

U　R　L　http://www.jichosha.jp

印刷・相良整版印刷　製本・仲佐製本

乱丁本・落丁本はお取り替えします。

ISBN978-4-7888-0612-2